HIKAJAT ANDAKEN PENURAT

BIBLIOTHECA INDONESICA

published by the
KONINKLIJK INSTITUUT
VOOR TAAL-, LAND- EN VOLKENKUNDE

2

HIKAJAT
ANDAKEN PENURAT

edited and translated by
S. O. ROBSON

THE HAGUE · MARTINUS NIJHOFF · 1969

The Bibliotheca Indonesica is a series of texts in Indonesian languages published in critical edition and accompanied by a translation and commentary. As such it is a continuation of the Bibliotheca Javanica which from 1930 onward was published by the Royal Batavia Society for Arts and Sciences, but with two significant differences: the Bibliotheca Indonesica will contain texts in various Indonesian languages, and the translations and commentaries will be in English. In this way the Royal Institute of Linguistics and Anthropology aims to contribute further to the unlocking of the treasury of Indonesian literatures, for the benefit of international scholarship. Special thanks are due to the Netherlands Organization for the Advancement of Pure Research (Z.W.O.) for making available a grant enabling the Institute to launch this new project.

The series has been designed in such a way as to serve not only the needs of students of literature proper. Historians, archaeologists, anthropologists, sociologists and linguists as well as students of comparative religion and law may also find much in this literature to enrich and deepen their insight. It is hoped, finally, that the Bibliotheca Indonesica, by presenting a variety of products of the Indonesian mind to a wider public, may form a valuable contribution to the mutual understanding of the peoples of East and West.

THE EDITORIAL BOARD.

ACKNOWLEDGMENTS

Work on this modest Malay romance was begun in 1964 in the University of Sydney under the guidance of Mr. Russell Jones; by 1966 it was ready for submission as a thesis for the degree of Master of Arts, and was duly examined by Professor F. H. van Naerssen of the University of Sydney and Professor A. Teeuw of the University of Leiden. But at that time its form was very different from the present — the translation had yet to be added, for instance. It can truly be said that were it not for the guidance and encouragement of Professor Teeuw I would not have persevered in preparing the book for publication, and it would never have appeared in this series.

In its final stage the manuscript was read by Dr. R. Roolvink and Professor G. W. J. Drewes, who offered a number of useful suggestions, for which I here express my thanks.

Miss M. J. L. van Yperen very patiently carried out the work of typing and assisted with the English expression in the translation, for which I am very grateful. I also wish to acknowledge the unfailing helpfulness of Messrs. G. A. J. Nagelkerke and A. Bongers, of the library of the Koninklijk Instituut.

Permission has kindly been given by the Director of the University Library in Leiden for this publication of the Codex Orientalis 1935, which is a possession of the library.

The cover-design of this book was made from a photograph of a puppet from the wayang gedog, selected by Mrs. J. Terwen-de Loos and supplied by courtesy of the Rijksmuseum voor Volkenkunde in Leiden.

Finally, my thanks go to the Koninklijk Instituut for having considered this small contribution worthy of inclusion in their series of scholarly publications, the Bibliotheca Indonesica.

S. O. R.

CONTENTS

INTRODUCTION

It is a little known fact that the Indonesian culture-area possesses a long tradition of literary activity. Other Asian literatures, such as Arabic, Persian, Sanskrit, Chinese and Japanese are already deservedly famous in the West, while for one reason and another Indonesian literatures have remained obscure. Perhaps a contributory factor lies in the apparent diversity of Indonesian literatures, seeing that over the centuries literature has been produced in a number of different languages, for example, Javanese, Malay, Sundanese, Madurese, Balinese, Achehnese, Macassarese and Buginese. Furthermore, much of the scholarly literature in this field has been in the Dutch language, and this has exerted an inhibiting influence on the spread of knowledge on the subject.

In the past other parts of the world have bestowed cultural gifts on the Indonesian area. First they came from India, then Persia and Arabia, and finally from Western Europe. Other literary traditions have thus been influential in Indonesia, and it was of course India's gift of the art of writing which gave the impetus to literary activities in Indonesia. Perhaps an over-emphasis on this indebtedness is another reason why Indonesian literatures have as yet failed to receive due attention — and yet Japanese literature is never considered as a mere appendage of Chinese, for example, even though writing was introduced from China, and much literature together with it; this is because the Japanese genius is distinctive. Indeed the same can be said of Indonesia, although it is perhaps more difficult for the Westerner to appreciate Indonesian literature, as it may not concur with his taste as readily, and because Indonesian literatures have yet to be properly explored, explained and translated. The present book represents a small contribution toward this process of interpretation.

This, then, is an edition of a Classical Malay [1] prose work, the *Hikajat Andakén Penurat,* with an English translation and an Intro-

---

[1] The term Malay is used here instead of Bahasa Indonesia (Indonesian) because, having been written long before the proclamation of Bahasa Indonesia in 1928, it would be just as anachronistic to refer to this language as Bahasa Indonesia as it would be, for example, to refer to Shakespeare as the greatest playwright of American literature.

duction which explains the place of the work in Malay literature. One of the aims of the book is to allow those who have no knowledge of Malay also to examine one of the products of Malay literature without too much difficulty, and hence perhaps to be able to form an appreciation of this particular type of Oriental literature. This text may not be of outstanding importance for students of religion, anthropology, and so on, but Malay romantic literature also deserves to be known.

The HAP, as we shall call it, tells the story of the prince Radén Andakén Penurat (alias Radén Menteri) and his beloved, Kén Tambuhan, and it is thus closely related to the poem, the *Shair Kén Tambuhan*, which has appeared in several editions, the most recent by Teeuw (1966). The HAP is relatively short. It is well written, is representative of its genre and contains a number of interesting features — these considerations make it an attractive subject for study. It is not outstanding or extraordinary in any respect, but is nevertheless a pleasing little work and a good one from which to illustrate some aspects of Malay literature.

As far as I know, there exists but one manuscript of the HAP, namely Codex Orientalis 1935 of the University Library in Leiden. The MS. is of octavo size, numbers 146 pages and is written in very clear Malay-Arabic script. The MS. most probably originates from the General Secretariat in Batavia.[2] The numbers of the pages of this MS. have been placed alongside the text and translation for ease of reference. The work of edition was not complicated, although here and there slips had been made by the copyist, and I have therefore attempted to reconstruct the best reading; in every such case an annotation has been made in the footnotes.

The spelling of the MS. is not altogether that of the Malay dictionaries; some notes on this problem may prove useful for others who wish in the future to investigate these matters.

The first point concerns the occurrence of final -*h*; in some cases this is missing where one would expect to find it in normal Malay, and in other cases it is present where it is not normally found. With some words this variation occurs almost 100 % consistently, but with others the phenomenon is found only sporadically. In the first group fall a number of words which occur frequently in the text; these are:

> *baginda, adinda, kakanda, ananda, anakanda, ajahanda, bunda,*
> (Pura) *Negara*, (Penglipur) *Lara*.

---

2 See note to MS. p. 146 (translation).

Any cases in which the above words were *not* spelt with final -*h* have been mentioned in the footnotes. For those words not consistently ending in -*h* in the MS., the places where the -*h* is found have been noted. It will be observed that nearly all the words concerned end in -*a*; an example of an exception is *berburu* (hunt), which the MS. mostly gives as *berburuh*. Two examples of consistently abnormal use of *h* are found in the words *djauh* and *sirih*, which here are always spelt *djahu* and *siri* respectively, and hence will not be mentioned further in footnotes.

As with the points below, one may ask what the significance of this peculiarity is. The problem is complicated by the apparent inconsistency encountered. Does the custom of adding -*h* represent simply a curiosity of handwriting, or is there, for example, a dialectical difference reflected here? A consideration worthy of attention is the fact that many of these words with -*h* "added" concern highly placed persons in some way or other — might we say that the -*h* is intended to raise the "tone" of the word?

The second point concerns the use of *hamzah* or glottal stop ($^{\prime}$); this is consistently found finally in the words *pula, bawa* and *tjutju*. *Bawa*, "carry", and *bawah*, "underneath", are spelt identically in this MS.[3] *Hamzah* is sometimes found finally in the words *tiada* and *mau*.[4] Perhaps this custom reflects the presence of a glottal stop in these words in the language spoken when and where some copyist worked.

The third point concerns the occurrence of *alif* (*a*) in the first syllable of some words normally having *pepet* (*ĕ*) in that position. The word *dekat* always contains *alif*: *dakat*; *dengar* contains *alif* only sometimes, and these cases have been noted, together with the other words in which this phenomenon is found. Even the prefix *me-* sometimes becomes *ma-*, e.g. *marupakan* and *marajakan*.

The fourth and final point concerns the apparent confusion of voiced and unvoiced velar and palatal plosives. This again might be attributed to carelessness on the part of the copyist, as the difference between *k* and *g* is a matter of one dot and between *tj* and *dj* of two dots; but one might counter this with the observation that the difference between *f* and *p* (a matter of two dots), and between *t* and *n* (a matter of one dot), was clearly in the writer's mind and is strictly followed. It is indeed curious that sometimes a word is spelt differently on one and the same line. A possible conclusion might be that at a certain stage in the

---

3 The only other case in which *hamzah* and -*h* vary with each other in this text is in the word *taruh*; see notes to MS. pp. 12, 80 and 119 (text).

4 See, for example, notes to MS. pp. 26, 35, 53, 97 and 106 (text).

development of the language voicing made no phonemic difference, and hence the copyist could see no significance in following a strictly consistent system of spelling. All abnormal spellings have been noted.[5]

It is the task of a linguist to supply answers to these questions; all that we can do here is to combine practicality with accuracy and to reproduce the text found in our MS. in such a way as to render it unnecessary for future students to return to the MS. source — which must always remain the sacrosanct fount of the editor's data.

The system of spelling used in this edition is the Indonesian, rather than the one current in Malaysia. This choice was made simply on the basis of the fact that the work originates from Indonesia, and has no further implications. English-speaking readers should note that the Malay sounds are pronounced roughly as follows.

Vowels:

a as in *a*way, or *u* as in b*u*t.
e ,, ,, mark*e*t; crick*e*t.
é ,, ,, f*e*n; h*e*ll.
i ,, ,, sl*i*p, or *ee* as in sl*ee*p.
u ,, ,, p*u*dding, or *oo* as in f*oo*t.
o ,, ,, d*o*n; pr*o*ng.

Consonants:

j   as *y*   in *y*acht; *y*ard.
dj ,, *j*   ,, *j*umble; *j*agged.
tj ,, *ch* ,, *ch*icken; *ch*urch.
sj ,, *sh* ,, *sh*irt; *sh*ort.
ch ,, *ch* ,, lo*ch*.

h is always to be pronounced; *gh* and ᶜ occur rarely and are as in Arabic. Otherwise the sounds are as in English.

An editor is, of course, involved in interpretative decisions when he divides the words of his text into sentences. In this he must depend to a certain extent on his appreciation of the interdependence of clauses — it does not seem feasible to maintain a hard-and-fast rule, as flexibility is called for to cover the variety of constructions encountered.

In making the translation certain Malay terms for which no close

---

[5] Achehnese MSS. are said to be very confused in the matter of spelling.

English equivalent exists had to be left untranslated. This means that an explanation of the term — as far as such is possible — is to be found in the footnotes. The translation itself does not pretend to possess any literary qualities. It tends to be more literal than free, but perhaps this has the advantage of reflecting the style of the original, with its repetitions, inconsistencies and sometimes strange transitions from topic to topic. It is hoped that the reader will be able to compare it easily with the Malay original.

What, then, is "Classical Malay" literature? [6] The term is, of course, only definable in approximate terms: it is literature written in Malay belonging to the stage of development preceding the modern period, which in practice begins with the 20th century — although the early 19th century writer Abdullah bin Abdul Kadir Munsji also belongs to it at least in spirit. The Malay language itself probably originated somewhere in the eastern part of Sumatra, and has been carried by migration to neighbouring areas — the Malay Peninsula, the Riau and Lingga Archipelagos — not to mention parts of Borneo. Malay was probably the language used in the realm of Śrīvijaya centred in southern Sumatra near Palembang, and as such may have been used for trading purposes as early as the 7th century. Śrīvijaya is also reported to have been a centre of Buddhist learning in this time. Then Malay tradition preserves the memory of a link between Palembang and a later kingdom called Tumasik or Singapura (Singapore), which was followed (in the early 15th century) by the famous Malacca Sultanate. As with Javanese literature as well, the relationship between literature and court was important in the Malay world, for not only did the court provide the leisure for the luxury of producing literature, but it also supplied much of its inspiration.

The Malay literature which has come down to us is written in Malay-Arabic script and is all more or less influenced by the fact that the Malay-speaking world is today (at least nominally) Muslim. Even in a work such as is edited in this book, where the gods are Hindu, cremation is practised and people believe in reincarnation, words of Arabic derivation are to be found. This is quite understandable when we consider the fact that the manuscripts which we now possess are not themselves especially old (mostly dating from the early 19th century); they

---

6 For general works on this subject see, for example, Winstedt (1958) and (in Dutch) Hooykaas (1952).

represent the final product of a long series of predecessors of which nothing is known, as it was always necessary to recopy manuscripts at regular intervals if the texts concerned were to be preserved from the destructive effects of the tropical climate.

The reader may have been struck by the curious coexistence of stories which are basically Hindu and an environment professing Islam, but this is explicable by reference to Malay cultural history. The postulation of successive animistic, Hindu, Muslim (and modern) periods might be an over-simplification, because this is not exclusively a matter of *time* but also of social setting: the rural population still possesses beliefs which are basically animistic, and Hindu ideas and traditions have survived in circles which did not interpret their Islam too strictly. The penetration of outside influences (from both within the South-East Asian culture-area and further afield) has been decisive in determining the nature of Malay literature; for example, a large part of the literature appears to owe its inspiration to Javanese models, and another part to Persian works.

A question which arises immediately is: how were these influences introduced into Malay? The conversion of the Malay world to Islam must not be pictured as something sudden, bringing revolutionary cultural changes. A more precise statement might be that the new religion came as part of a new cultural impulse reaching Indonesia from India. Naturally this also brought with it new literary themes from Persian and Arabic sources, via Indian intermediaries.

Regarding the Javanese, one might point to the political power exercised by the Javanese kingdom of Majapahit in the 14th century. It is known that there was in this time contact between Majapahit and many parts of the Indonesian Archipelago, including southern Sumatra and Bali. In the latter case Javanese culture became firmly entrenched, and its Hinduistic literature has been preserved down to the present. A similar process of transplantation probably took place from Java to the westward, bringing the best-known products of Javanese literature. There exist today many Malay manuscripts containing romances about the Pāṇḍawas (the five brothers who are the heroes of the best-known form of Javanese theatre, the wayang; the repertoire of this theatre in its turn largely derives from the Indian epic Mahābhārata) and Radén Inu (often called Panji); there is also a Malay version of the Javanese romance of Damar Wulan. A fine example of this type of literature is the *Hikayat Pandawa Lima,* part of which shows certain parallels with the Old Javanese poem Bhāratayuddha.

Classical Malay literature is composed of both prose and poetry. One of the main prose forms is the hikayat and the main poetical form is the shair. Probably the best translation of the word hikayat is "romance"; a contrast with the Western novel is that the action is mostly *not* placed in a contemporary setting and is not intended to represent real life. Perhaps the hikayat is more what we would call a fairy-tale, as the characters are kings, princes, heroes, demons, and many a supernatural event takes place. There is much to be learnt from a study of these romances, providing they are approached in the right way. The HAP seems to provide an interesting specimen of such a hikayat, both for its literary qualities and for the problems of literary history which it poses. Therefore some more specific discussion on this text does not seem out of place here.

Below a number of quotations from the text of the HAP are selected for discussion in some detail; it is hoped that as well as facilitating the understanding of the HAP itself the remarks may have some relevance to the broader field of Malay literature.

1. *Inilah suatu hikajat tjeritera Djawa dipindahkan kepada bahasa Melaju* (MS. p. 1). ("This is a romance (hikayat) telling a tale from Java, rendered into the Malay language.") We begin by considering the very opening words of the story themselves. What could be the actual significance of this intriguing statement? Juynboll, in his description of the MS. in his Catalogue, interpreted it as meaning that our Malay text represents a "translation" from a Javanese original.[7] This was probably a common opinion in those times. But a Javanese original has not, to my knowledge at least, been found for this work — perhaps it has yet to be discovered or recognized in either Java itself or Bali, as there is still a great deal of exploratory work to be done. On the other hand, it could be that by imputing the Western conception of "translation" to the Malay word *pindah* we are aiming wide of the mark, and that another view of the question may prove more fruitful.

A useful procedure for examining this problem is to compare the opening passages of other Malay MSS. As a quick reading of the Catalogues will show, there exist a number of Malay works which tell stories based on materials from the wayang, and hence ultimately derived from the Rāmāyaṇa, the Mahābhārata or the Panji tales. Among these

---

7 Juynboll (1899), p. 100.

works the opening passage is frequently very similar, and contains such
a phrase as *dipindahkan daripada bahasa Djawa kepada bahasa Melaju*.
So it can be seen that the HAP is by no means unique in this respect,
and that the word *pindah* is the one regularly employed. In fact, the
opening passage gives us the impression of being a more or less stereo-
typed formula, required by custom to be repeated by those commencing
the composition of a certain type of story. If inclusion of the formula
was simply a matter of tradition and of literary usage, then perhaps
it was not in every case associated with the *activity* mentioned —
"rendering". What may have been more important in the writer's mind
was the *type* of literature concerned. To clarify the process which may
have been involved in "rendering", however, we may observe how often
copyists felt free to edit the works which they copied, by either leaving
out or paraphrasing parts which they did not understand, or otherwise
improving on their original. Further, in Malay we have numbers of
MSS. of (say) Panji stories, but very few the same; each is sufficiently
different to be considered a separate work and be given a distinct name.
It seems that each writer had the liberty to *adapt* an earlier theme
and render it as he felt best. The question now remains as to whether
in fact the theme being adapted was borrowed from Javanese literature,
or if not, whether some distant predecessor had done so.[8] As far as this
hikayat in particular is concerned, we shall be making some remarks
below; in general, so little is known about the when and the where and
the how of Javanese influence on Malay literature that not much can
be said. These things, however, are sure: over the years certain works
of Javanese literature were rendered into Malay — that is, works which
are known in Javanese in a poetical form and in Malay in a prose form,
so we may already see reason for adaptation in the somewhat different
requirements of the genres.

   The HAP is one of the various versions of the now well-known story
of Kén Tambuhan and Radén Menteri. The MS. was written in 1825,
and on MS. p. 138 the place-name Solo is mentioned. Seeing that this
place only became important in 1746, we can assume that the work
took its present form in the period 1746—1825. It is not a simple matter,
though, to draw conclusions about what literary history may have

---

8 See Teeuw (1966), p. xxiii. The phrase "*daripada bahasa Parsi dipindahkan
   kapada bahasa Djawi*", translated by Brandes (1899) as "uit het Perzisch in
   het Maleisch .... vertaald" (translated from the Persian into Malay) also
   occurs in the case of a work belonging to the Persian category — see p. 29 of
   Winstedt's edition (1960) of the *Hikayat Bayan Budiman*.

preceded this. Teeuw considers that this prose work may perhaps be earlier than its closest relative, the *Sjair Ken Tamboehan,* edited by De Hollander in 1856.[9] But the two are by no means identical; the text of this shair can be consulted for purposes of comparison in Appendix I. In view of the considerable variation which exists between the versions of the story extant today, it seems likely that it already has a long development behind it. If we assume for a moment that the HAP and the shair of De Hollander represent the oldest form of the story, while the shair as edited by Klinkert [10] and by Teeuw represents a later, elaborated form, then certain facts strike us. Firstly, the shair of De Hollander is perhaps incomplete;[11] moreover, from the point of view of Indonesian literatures it cannot represent a satisfying whole, as these usually demand a full revolution of the plot-cycle,[12] whereas this story is an unmitigated tragedy. On the other hand, there comes a minor change in vocabulary [13] in the hikayat after Kén Tambuhan and Radén Menteri have died — that is, the new words occur in the part of the story which represents the dénouement and *happy* outcome, but this may be coincidental. The plot of the HAP still leaves certain small points unsettled; these are cleared up and the whole more fully expounded in the longer versions of the shair. This view of the development of the story appears to be satisfactory (at least until further information becomes available), but as yet we have said nothing of the *origin* of this remarkable story.

The Balinese story of Jaya Prana is in some respects reminiscent of that of our HAP: the king has Jaya Prana murdered because he desires his beautiful wife — but the differences are too basic for us to claim a relationship. The story of Pranatjitra, however, shows in outline some striking similarities to the HAP; this is Hooykaas' summary:

> "The lovely girl Rara Měṇḍut, abducted on the occasion of a military expedition, is picked out to be the young co-wife of an old and ugly regent, but she refuses him. She becomes a vendor of cigarettes and meets a very handsome young man of good bourgeois family, Prana Chitra. After love at first sight an

9 See Teeuw (1966), p. xxiv.

10 Klinkert (1886), pp. 1—151; this shair occupies an isolated position, while that of Teeuw is probably more original (Teeuw, 1966, p. xxv).

11 There are hints in the text that the story once went further, and the final stanzas suggest that the writer may have run out of material; see Teeuw (1966), p. xxiv.

12 See below, pp. 15—16.

13 See MS. p. 122 (note 1) and MS. p. 143 (note 1) (translation).

elopement ensues; the lovers are caught and brought back. Prana
Chitra is killed by the furious regent; Rara Měṇḍut stabs herself
beside his corpse." [14]

A basic difference is, of course, that in the HAP it is the girl who is
put to death — not by a jealous competitor of her lover, but by his
mother, who wishes him to marry another girl. Nevertheless it is clear
that this type of theme is by no means unknown in Javanese or Balinese
literature, and can be shaped into a complete work.

The tale of Kén Tambuhan and Radén Menteri is often described as
a Panji story. What is a Panji story? Poerbatjaraka [15] compared a
number of them, and from his exemplification we may make the follow-
ing outline of the typical plot:

> There were once in Java four kings who were brothers (some-
> times these four have an elder sister, a nun; sometimes there are
> three brothers and a sister, etc.). The eldest son was king of
> Kuripan (Keling or Janggala), followed by the kings of Daha
> (Mamenang or Keḍiri), Gagelang and Singasari. The king of
> Kuripan had firstly a son by a wife of low rank, then a son by
> the queen (i.e. Inu, the hero), and so on. The king of Daha's
> first child was a beautiful daughter (Galuh Tjandera Kirana),
> and so on. Inu and Tjandera Kirana were betrothed by their
> parents in infancy. One day Inu, who was fond of hunting, went
> on a trip with his friends into the forest, became separated from
> them in the chase, and happened to meet a beautiful girl with
> whom he fell in love. This girl was of lower rank than himself
> (the daughter of a *patinggi*, a *demung* or a *patih*), but he took
> her as his mistress, thus incurring his mother's wrath. The mother
> had Inu's loved one killed, and in deep despair he left the palace
> to wander the countryside as a *kelana*, conquering many king-
> doms. Meanwhile Tjandera Kirana also disappeared from the
> palace (of Daha) through the agency of the gods, and her brother
> the Crown Prince left home to seek her. After many adventures
> and after adopting many disguises, the princes and princesses
> were reunited, and Inu was married to Tjandera Kirana who
> turned out to be another manifestation of his first love; they
> returned home and Inu became king in his father's place....

The use of the term "cycle" has been hallowed by hoary convention
for referring to the large numbers of Panji stories extant. This term
gives the impression of a number of sequentially linked story units, each

---

14 Hooykaas (1958), p. 19.
15 Poerbatjaraka (1940).

being sufficiently complete in itself to supply satisfying entertainment and at the same time introducing the following episode in, say, the adventures of a hero. A cursory review of the plots of a selection of Panji stories is enough, however, to show that the stories do not represent links in a chain, but each one a rounded story in itself. Each story appears to contain the same (or a very similar) *nucleus* of plot, embroidered with narrative detail in varying amounts and of varying content, thus giving rise to the different titles bestowed on the various works.

If the above outline is accepted, then it is clear that the story of Kén Tambuhan could not be called a complete Panji story. In the HAP the names Kuripan, Daha, Radén Inu or Tjandera Kirana, which are so typical of Panji stories, do not occur — but in the shairs which we called "later", elements reminiscent of the Panji story do occur. That is to say, the authors felt that the story belonged in the sphere of the Panji story; and the tale of Kén Tambuhan is indeed in essence the same as that of Radén Inu's first, tragic love which, as we saw above, comes at the beginning of the Panji stories summarized by Poerbatjaraka, although occupying a comparatively small proportion of the whole in terms of space. One of the stories dealt with by Poerbatjaraka, however, lacks this tragical prelude; this is the Malat. This may lead one to wonder whether Poerbatjaraka's choice of works for the comparison was entirely representative, and indeed a further investigation shows that the *Middle Javanese* Panji stories, e.g. Mantri Wadak, Smarawédana, Wangbang Widéha and Waséng (not to mention Malat), none of them possess the tragical prelude.[16] If we assume for a moment that the Middle Javanese Panji tradition is more original than the Modern Javanese, then we might be justified in concluding that the story of the tragical love-affair represented by the stories of Kén Tambuhan and Radén Inu's first love originated outside the Panji story, and in the case of Kén Tambuhan remained independent but was influenced by the Panji story and in the second case was actually absorbed into the whole Panji story.[17] We could, however, question the assumption that the Middle Javanese Panji story represents the most original type, in which case one could argue that the story of Kén Tambuhan at some stage broke off from the full-length Panji story and led a life of its own. But, as was pointed out above, we cannot speak of a Panji "cycle", the

---

16 See Juynboll (1907), p. 182 ff.
17 See Teeuw (1966), pp. xxxi—xxxii.

component parts of which might readily come loose and be developed independently. Furthermore, one has the impression that the weld between the tragical prelude and the whole Panji story is still visible, in that the identification of the first love with the real betrothed is somewhat forced. Nevertheless we have to take into account the fact that there is a great deal of variability and freedom to adapt in this type of literature, and this makes it all the harder to trace literary history — the undertaking is, of course, hazardous enough in view of the lack of published materials. If the story of Kén Tambuhan did originate independently of the Panji story, did it have as its inspiration actual historical events? And if so, where? As usual, there are no definite answers to be given. Finally we can point to the story of Tjilinaja, known from Bali and Lombok, which is a close relative of the story of Kén Tambuhan.[18] The version from Bali is represented by a MS. in Balinese characters, composed in very modern language, and containing three snatches of Malay. The presence of this Malay is odd, and might make us wonder whether the story made its way from west to east, rather than the reverse, but there is little use in such speculation while there is no more evidence to support it.

The opening sentence states that this is a Javanese story; that is, it belongs to that body of literature attributed by the writer to Java. Having spoken of the theme, we should now mention the fact that the language of the HAP contains words of Javanese origin, as does the comparable literature to a greater or smaller degree. Out of a total of about 90 words and phrases of Javanese derivation in 146 pp., approximately one third occurred in speech, one third applied to the technicalities of royal dress, the palace and to officials, and one third came in the midst of ordinary narration. This means that the words were employed for the speech of persons supposed to be Javanese, or for cultural items supposed to be Javanese.

2. .... *dipatut oléh dalang jang ᶜarif lagi bidjaksana jang amat masjhur ditanah Djawa* ("adapted by a learned and gifted narrator who is very renowned in the land of Java") (MS. p. 1). As hikayats go, the HAP is comparatively short, and hence its opening paragraph is proportionately restricted in extent. I shall therefore quote a fuller version of the above statement, as found in the *Hikajat Mésa Urip Pandji Djaja Lelana* (Cod. Or. 3251):[19] *ditjeriterakanlah oléh dalang*

---

18 See Juynboll (1911), p. 77, and Van Eerde (1913), pp. 22—57.
19 See Juynboll, (1899), p. 96.

jang empunja tjeritera ini, jang bernama dalang Suraprana, jang amat masjhur ditanah Djawa, dan jang amat bidjaksana lagi paramakawi pada nggurit dan membuat lelakon dan tembang, kidung dan kakawin .... This, then, is a typical statement concerning the author of a hikayat telling a Panji or epic-derived story. It immediately raises several questions in the reader's mind: for example, who was Suraprana, and did he actually compose the work? Why is he called "renowned in the land of Java", if he is composing in the Malay language, and presumably in a Malay land?

If we accept the fact that the audience will have been non-Javanese, then it is most striking that the author is described as being expert in Javanese arts — the obvious conclusion is that in the given social context it was these which bore the prestige. It was Java which people looked to as the source of civilization.[20] Hence it is not impossible that the dalang Suraprana was actually famous in Java and was skilled at these arts; perhaps he travelled or was invited to a Malay court in a manner similar to that described in the *Hikajat Bandjar*.[21] The dalang Suraprana is not familiar from elsewhere; the name of the dalang author of the HAP is not mentioned.

A point of great importance to be brought forward here is the fact that the author is both *dalang* and *paramakawi*.[22] That is, he not only performs lakons but also recites all kinds of poetry. The selection quoted by Overbeck from the *Hikajat Galuh digantung* contains the description of a wayang performance in which it seems quite clear that the dalang sings kakawins while manipulating the puppets, for example: *Pangeran Mangkuningrat melakukan wajang itu terlalu manis, patut dengan suaranja berkekawin itu* .... [23] The lakon is thus only one of the literary genres in which a dalang author can work. The genre of the (prose) hikayat is not mentioned above, and on the other hand no *tembang, kidung* or *kakawin* are known in Malay; the implication is that the author, although very skilled at composition in Javanese (the prestige medium), is on this occasion rendering one of his stories (a *lelakon*) in Malay, and in prose.[24] If this introductory passage is, in fact,

---

20 Cf. Ras (1968), p. 145, where a similar view is expressed.

21 See Ras (1968), p. 41.

22 Jav. *ḍalang*, the man who manipulates the puppets and recites the story in the shadow-theatre; *paramakawi* would mean: "most excellent poet".

23 Overbeck (1932), p. 218.

24 Jav. *tembang* means "verse"; *kidung* and *kakawin* are forms of Old Javanese poetry using Javanese and Sanskrit metres resp.; a *(le)lakon* is the story recited at a shadow-theatre performance. It should be observed, however,

more than mere cliché, and the dalang not only performed lakons but was also expert in Javanese literature and composed in the form of the Malay hikayat on occasion, then we may see here the link whereby certain works of Javanese classical literature were at a certain period rendered into Malay. In this connection we think, of course, of the Old Javanese kakawin *Bhāratayuddha* and its relationship with the *Hikajat Pandawa Lima,* of the kakawin *Bhomakāwya* and the *Hikajat Sang Boma,* and other examples.

The author of the HAP every now and then inserts a personal comment or observation into the narrative, and on these occasions he refers to himself as *pun dalang* (the dalang). Seeing that the writer is represented as a dalang we might be led to suppose that this and the other similar hikayats are transcripts of lakons — but is this so? Regarding subject-matter, the epic-derived and Panji stories correspond in Java to two types of wayang, namely the wayang purwa and the wayang gedog respectively; in the Malay world both belong to the category of wayang kulit. The wayang purwa and wayang gedog are closely related, and the latter relates events supposed to have followed chronologically those of the former. We may thus designate this type of hikayat as "wayang kulit" hikayat. But we should not be too rigid with such a classification, for the tale of Kén Tambuhan itself, apparently deriving from neither the Panji story nor the epics, may not properly be called a wayang kulit hikayat, garbed though it be in the trappings of such. Wilkinson says: "But there is no very strict rule in the matter, and the form of some Malay literary works (such as the *Hikayat Sang Samba* of the Mahabharata *epos*) makes it quite clear that they were written in the first instance for use with a *wayang kulit*".[25] He does not, however, substantiate this claim further, but it is a most interesting suggestion, and with regard to the HAP may well be near the mark. That is to say, no matter what the original source of the tale of Kén Tambuhan, the dalang author may have adapted (*dipatut*) it for performance in the wayang kulit; evidence of its actual occurrence there is lacking, however.

As is known, however, the wayang kulit is not the only theatrical

---

that the term *kakawin* indicates not only "poem", but also "poetry", "verse" (of a certain type) ; hence we need not suggest that whole poems were sung on these occasions, but perhaps selected passages or stanzas from them. The Javanese *dalang* still inserts the singing of such stanzas from Old Javanese kakawins (called *suluk* or *kawin*) into his performance at suitable junctures.

25 Wilkinson (1910), p. 50.

form to occur in the Malay countries. Besides the fascinating *ma'yong* described by Wilkinson [26] and Skeat,[27] there is supposed to exist also the *měndu*, the repertoire of which includes the tale of Kén Tambuhan;[28] the latter is also referred to in Van Kerckhoff's article on the Malay theatre (no name supplied) on the west coast of Sumatra.[29] The relevant information from Skeat and Van Kerckhoff can be consulted in Appendix II. Lacking further data on the dramatic performance of the story of Kén Tambuhan we cannot at this stage say any more on its significance.

Something characteristic of the Javanese lakon is the structure of its plot: after the opening description of the prosperity of the realm brought about by the king's justice and generosity, various complications are introduced, culminating eventually in a conflict in which the world is thrown into disorder. The forces of order finally gain the upper hand over those of disorder, and then life and the world return to their former state. The lakon has a cyclical plot; that is, at the end of the story the world has been restored to the condition in which it was at the beginning, ready to begin again. This pattern is essential, and may be regarded as embodying the audience's view of life and the world, as well as magically ensuring the same safe return to peace and prosperity through the vicissitudes of life as that depicted in the drama. Whether author or reciter, the dalang was a priestly figure; we are here in the field of religion and mythology.

> In Java, for historical reasons which are too complicated to enter into here, there is still an almost universally accepted religious mythology which commands deep emotional and intellectual adherence. This is what I shall call, for convenience, the *wayang* tradition, from the much loved shadow-play of that name which is the main preserver and transmitter of that tradition. *Wayang*, like any other metaphysical and ethical "system", is concerned to explain the universe. Though partially based on the Indian epics Mahabharata and Ramayana, the Javanese *wayang* mythology is yet an attempt to explore poetically the existential position of Javanese man, his relationships to the natural and supernatural order, to his fellow-men — and to himself. In contrast to the great religions of the Near East, however, the religion of *wayang* has no prophet, no message, no Bible, and no Redeemer. It does

---

[26] Wilkinson *op. cit.*, pp. 37—48.
[27] Skeat (1900), pp. 503—514; 649—652.
[28] Skeat *op. cit.*, p. 520.
[29] Van Kerckhoff (1886), p. 305.

not conceive the world as moving in any linear trajectory, nor
does it preach a universal message of salvation. It does not offer
the ecstasies of the Christian apocalypse, merely the inexorable
flux. The world-view expressed in this religious tradition has been
aptly epitomized by Mrs. Claire Holt as "a stable world based on
conflict". Yet the sense of underlying instability is no less im-
portant than the sense of permanence. If a wheel spins eternally
on a fixed axis, is it changing or unchanged? [30]

It will be readily seen that the HAP also has a cyclical plot; the
influence of the wayang on the HAP seems clear. These remarks apply
not only to the HAP, of course, but also to a large proportion of Malay
and Javanese literature, including the wayang kulit hikayats. The
influence of the wayang way of thinking is undoubtedly deep, but a
great deal of study will be required to determine how much of Indo-
nesian literature partakes of the nature of "mythology", in the sense in
which that word was used above.

3.   .... *jang terlalu indah-indah karangannja* .... (p. 1) ("beautiful-
ly composed"). We see here another phrase from the beginning of the
HAP — a phrase such as is found at the beginning of many similar
hikayats. It suggests that the work is intended to conform to certain
standards of beauty of language. The hikayat is thus a form of literary
art, which it is possible to appreciate from an aesthetic point of view.
It is difficult to determine exactly what the author's standards may
have been — except by empirical observation; but it would be a mistake
to assume that they are automatically the same as those for Western
literature, as Eastern literatures can only be appreciated duly by
reference to and in terms of the cultural milieu which produced them.

As a first step we should ask how a hikayat was used. Without going
into the origins of the form itself, it is sufficient to draw attention to
just one phrase from the HAP: *Maka barangsiapa membatja dia atau
menengarkan dia* .... (MS. p. 1). ("Now no matter who reads this
work or hears it being read ...."). This immediately suggests that at
least a proportion of the "audience" will not be reading the work them-
selves but will be hearing it read aloud or recited by someone else; the
work is intended for both categories alike. We must not think of printed
books with a wide circulation, but of manuscripts; the result is that it is
to be read aloud, and that it is therefore meant to be appreciated *by ear*.

---

30 Anderson (1965), pp. 5—6.

The writer will have striven to select words and phrases which flow easily and are pleasant to listen to, and his success may be judged on this basis. A further consequence of not having the text constantly before the eyes will be that the story tends to be rather slow-moving and repetitive. This will be quickly noticed by the modern Western reader, who values quick action and brisk description. Because of its oral form of expression the hikayat is closely akin to poetry, and thus the Malay audience did not consider the repetition as monotony but as something akin to a spell-binding refrain, emphasizing some activity or aspect of character which was important in that cultural context. Furthermore the writer and his audience were members of a conservative society, and may not have placed value on originality of expression or inventiveness of plot, but rather on the ability to reproduce the standard situations of the story in the manner prescribed and approved by a long tradition of literary activity. People would easily be able to detect a deviation from the proper paths on the part of the writer or reciter, and would probably have condemned him for it.

With the above provisions, there is still room for the author to show his skill as a story-teller. Within the framework of the well-known story of the death of the prince's mistress, our author has chosen to employ a concept which was quite familiar to the Malay audience of that period. This concept provides the mainspring which propels the drama through its various stages: it is the violation of a *larangan*,[31] and the fell consequences which this brings, until the crime has been expiated by the deaths of the two main characters. Radén Menteri is warned against entering the garden Penglipur Lara by his retainer, Punta Wiradjaja: *"Djanganlah tuan masuk ketaman ini, karena larangan seri paduka ajahanda tuanku". Maka Radén Menteri pun tersenjum seraja katanja, "Biarlah, kakang, béta mati dibunuh oléh Sang Nata dan Permaisuri"* ("Do not enter the garden, as it is a place forbidden by your royal father, my lord." Radén Menteri smiled, saying: "Brother, let me be put to death by the King and Queen.") (MS. p. 31). This is *durhaka* [32] in plain terms. Fully aware of the prohibition and calling down his own doom on his head, the prince enters the garden, and from here onward the drama must work itself out in an inexorable sequence of events, until fate causes both the prince and his loved one to lose their lives through the agency of his mother. Only after that can the god Batara Kala intervene and out of his kindness toward mankind restore not only

---

31 "Prohibition", especially something reserved for the ruler's own use.
32 "Treason".

the victims to life but also the kingdom as a whole to prosperity and stability. The Western reader may be surprised at the strength of the prohibition involved in the *larangan* of a Malay ruler; if it were broken by *anyone* the result must be death.[33]

It is not the author's technique to use abstract ideas. These are depicted in terms of human action and interaction. Similarly, the symptoms of emotion are described, rather than the feeling itself. The interest and preoccupation of the writer and his world is social relations rather than (say) aesthetics or philosophy. As a result of this we find that characterization is well developed — the actors are well drawn and their natures clearly delineated. However, they have not become caricatures in an effort to emphasize special aspects of character, but are remarkably human. Take, for example, the King's reaction to the news that his son is having an affair: *"Ja adinda, tiada mengapa. Su-dahlah ͨadatnja laki-laki itu gemar beristeri banjak"* ("My dear, it's nothing. Men have always liked having many wives") (MS. p. 40). And later he answers the Queen's concern about the prince's love-affair: *"Biarlah ia dahulu, sementara ia lagi kasih akan dia. Masa 'kan ia kasih selamanja"* ("Let him go for the time being, while he's still in love with her. It's not as if it will last forever.") (MS. p. 60). The King is portrayed as affectionate and sympathetic toward his son; after the latter's death he becomes furious with the Queen, but fails to mollify her feelings beforehand. The Queen on the other hand, while loving her son, is very ambitious that he should make the "right" marriage. Radén Menteri embodies all the virtues to be expected in a prince, but lacks imagination. Kén Tambuhan is a pathetic figure, but toward the end of the story after she has just been married to her prince and they are in the bedroom alone together, she suddenly becomes human and, annoyed at his apparently unpractised attempts at lovemaking, says: *"Kakang ini sebagai orang jang baharu bertemu kelakuan pun kakang ini, patik melihat tuanku ini seperti orang jang baharu kahwin rupanja!"* ("You are behaving like someone who has just been joined in wedlock — you look to me like someone just married!") (MS. p. 141). More such examples could be given, the point simply being that not only has the author succeeded in writing a good hikayat in his own terms, but he has also created a piece of literature which although of modest proportions is nevertheless effective for later generations as well.

---

33 See also MS. p. 143, note 1 (translation) on the possible meaning of the name Sotja Windu, which is given to the kingdom after Radén Menteri's marriage to Kén Tambuhan.

Finally, one or two remarks may be made concerning the title of this work: *Hikajat Andakén Penurat.* While referring to MS. p. 11, note 1 (translation), it should be explained that the maintenance of the spelling *Andakén* is in accordance with the principle adopted throughout this edition, namely that words occurring in a work which is undoubtedly Malay (no matter what their derivation) must be treated as belonging within their Malay context and regarded as independent of their language of origin. It is possible that the writer of this hikayat was not conversant with the Javanese word *unḍakan* ("horse"), and hence wrote *Andakén.* To "correct" what he wrote would be to suggest a state of affairs which may not have existed; this is not scientifically defensible. It is true, of course, that the use of animal-names is typical of Javanese Panji literature and Middle Javanese literature in general; the derivation of *Andakén* from *unḍakan* places us in the context of such literature, and strengthens the links suggested above.

According to Dr Th. G. Th. Pigeaud, the name Jaran Penulis occurs in the Javanese Kidung Arok. Further information was not available, however. It is curious that there also exists a Batak story [34] which features two brothers, Si Adji Panurat and Si Adji Pamasa, the Writer and the Reader. The story has no connection with this one, however. In this hikayat there appears to be no motivation for calling the young hero a clerk. For the time being, we are unfortunately not able to give any further clarification of the names.

---

[34] See Braasem (1951), pp. 183—209.

HIKAJAT ANDAKÉN PENURAT

1   Al-kisah inilah suatu hikajat tjeritera Djawa, dipindahkan kepada bahasa Melaju jang terlalu indah-indah karangannja, dipatut oléh dalang jang ᶜarif lagi bidjaksana jang amat masjhur ditanah Djawa. Maka barangsiapa membatja dia atau menengarkan dia, djikalau orang itu ada menaruh pertjintaan sekalipun, maka hilanglah pertjintaannja, sebab mendengar[1] hikajat inilah jang meliputi dendam dan berahi sekalian, astaméwa jang ada menaruh rindu dendam akan kekasihnja. Walakin dendam dimana 'kan hilang dan berahi dimana 'kan luput perinja djuga, hamba berkata kepada sekalian tuan-tuan jang membatja ini hikajat dan sekalian jang mendengar[1] akan dia. Maka didalam
2   pada itu pun terlebih / maᶜlumlah tuan-tuan sekalian akan peri hal-ahwal kita orang muda[1] ini, karena hamba pun tahu djua merasaï pekerdjaan orang muda[1] betapa rasanja.

   Maka dinamaï baginda itu Ratu Pura Negara, jang amat masjhur wartanja ditanah Djawa dan ditanah Melaju. Kepada zaman itu se-orang pun daripada radja-radja sekalian tiada menjamaï baginda itu, habis sekaliannja tunduk chidmat dibawahnja, sentiasa mengantar upeti pada tiap-tiap tahun. Demikianlah kebesarannja radja itu, dan lagi dengan murahnja dan ᶜadilnja[2] pada barang hukumnja dengan periksa-nja, maka segala raᶜjat baginda pun terlalu amat kasih serta sajang[3] akan dia itu.

   Sebermula segala makanan dan buah-buahan pun terlalu amat murah
3   / didalam negeri Pura Negara, dan dagang pun terlalu ramai pergi-datang tiada berputusan lagi, daripada sebab ᶜadil baginda Ratu Pura Negara, sentiasa duduk diatas tachta keradjaan itu, sentiasa hari ber-suka-sukaan makan minum dengan sekalian raᶜjatnja.

   Sebermula maka tersebutlah perkataan Ratu Pura Negara pun beradu laki-isteri, maka baginda pun bermimpi memungut bulan djatuh keri-baan baginda, lalu diambilnja seraja diberikan kepada Permaisuri. Maka lalu diambilnja oléh Permaisuri, lalu digéndongnja serta dibung-kusnja dengan kain. Maka baginda pun terkedjutlah daripada tidurnja,

---

1   [1] mendangar.
2   [1] mudah;   [2] ᶜadalnja;   [3] (supplied).

4   maka baginda pun duduk terfekur sebabnja teramat masjghul / hatinja
    mengenangkan [1] mimpinja. Sediakala [2] baginda pergi bermain-main
    ketaman Penglipur Lara djuga dengan Permaisuri, diiringkan oléh
    segala dajang-dajangnja itu, seraja duduk dengan pertjintaannja,[3] serta
    baginda mengidung dan berkakawinan mengiburkan hatinja jang duka
    sebab mimpinja. Setelah hari malam, maka Sang Nata pun berangkat
    kembali pulang keistananja. Seraja duduk dengan Permaisuri dan gun-
    dik Sang Nata serta dengan segala dajang-dajang, maka kata Sang Nata
    kepada Permaisuri sambil ia tersenjum-senjum, seraja katanja, "Ja
    adinda tuan, adapun kakanda bermimpi semalam tadi kakanda menda-
    pat bulan djatuh dari langit, maka kakanda pungut bulan itu, maka
5   kakanda lalu berikan / kepada adinda. Maka lalu diambil bulan itu,
    lalu adinda géndong bulan itu." Setelah didengar oléh Permaisuri, maka
    Permaisuri pun tersenjum, seraja katanja: "Terlalu baik sekali arti
    mimpi kakanda itu, ᶜalamat kakanda beroléh putera laki-laki jang baik
    parasnja itu." Seraja baginda mendengar [1] kata isterinja, lalu sama
    tersenjum keduanja, maka Permaisuri pun lalu bangun, seraja meng-
    ambil puannja lalu santap sirih, katanja, "Moga-moga kakanda diberi-
    kannja oléh Déwata Mulia Raja akan kakanda anak laki-laki jang baik
    parasnja, karena patik tuanku sangat hasrat akan anak laki-laki jang
    baik parasnja." Setelah didengar [2] Sang Nata akan titah Permaisuri,
6   maka Sang Nata pun tersenjum dan sekalian dajang-dajang pun /
    tertawalah. Maka Permaisuri pun berkata, "Moga-moga dikabulkan
    oléh Déwata Mulia Raja." Maka Sang Nata pun terlalu gemarlah men-
    dengarkan [1] kata Permaisuri itu. Setelah itu maka kata Sang Nata, "Ja
    adinda, dan djikalau dikabulkan oléh déwata, alangkah baiknja." Maka
    Permaisuri pun terlalu gemar ia mendengarkan [1] kata Sang Nata, maka
    kata Permaisuri, "Kakanda pula satu sebagai, sepuluh pun kakanda
    hendak beranak, djikalau belum lagi dinugerahkan oléh Déwata Mulia
    Raja, dimana 'kan dapat kakanda beroléh anak?" Maka Sang Nata pun
    tersenjum dan segala bini-adji dan gundik Sang Nata pun mengadap
    Permaisuri, maka dajang-dajang pun terlalu gemar ia mendengar [2]
    kata Permaisuri. Setelah antara selang berapa lamanja, maka Permai-
7   suri pun hamillah mengandung [3] / berat. Setelah dilihatnja oléh Sang
    Nata akan Permaisuri itu hamil, maka Sang Nata pun terlalu suka-tjita
    hati baginda itu. Sjahadan mangkin bertambah-tambah kasihnja ba-

---

4   [1] menganangkan;   [2] sediakalah;   [3] perdjintaannja.
5   [1] mendangar;   [2] didangar.
6   [1] mendangarkan;   [2] mendangar;   [3] menggandung.

ginda akan adinda itu seperti menanting minjak jang penuh,[1] demikian-
lah lakunja Sang Nata meramahkan [2] Permaisuri.

Sebermula maka terdengarlah [3] kepada sekalian bini menteri dan
bini para penggawa [4] sekalian akan Permaisuri telah rémbét itu, maka
sekaliannja itu pun masuklah bertunggu didalam kanja-puri, serta mem-
bawa persembahan daripada idam-idaman akan Permaisuri itu, maka
terlalu suka hatinja Permaisuri melihat segala idam-idaman. Bermula
Sang Nata pun berangkat keluar duduk dipeséban [5] agung, dihadap
8 oléh segala menteri dan penggawa [4] dan ra^cjat sekalian / makan minum
bersuka-sukaan, seraja menjuruhkan memalu bunjian dibalai manguntur
betapa ^cadat segala radja-radja kedatangan suka itu. Setelah hari malam
maka Sang Nata pun berangkatlah masuk kedalam istana, bersuka-
sukaan pula dengan sekalian orang isi istana itu sekalian.

Bermula ditjeriterakan oléh orang jang empunja tjeritera ini, tatkala
masa Permaisuri rémbét itu, maka sekalian makan-makanan pun terlalu
murah dan dagang pun terlalu ramai daripada sediakala itu, dan segala
buah-buahan pun terlalu djadi, dan segala bunga-bungaan pun terlalu
amat banjak, tiada kena [1] terpakai oléh orang daripada sangat banjak-
nja itu, maka segala tumbuh-tumbuhan itu pun lakunja seperti orang
mengalu-alukan anak jang didalam kandungan [2] itu rupanja. Setelah
9 sudah genaplah bulannja, maka Permaisuri pun menjakitlah / hendak
berputera, maka Seri Batara pun terlalu amat duka-tjita hatinja sebab
melihat Permaisuri hendak berputera. Maka Seri Batara pun menjuruh
memanggil biku dan berahmana dan adjar-adjar dan ubun-ubun dan
indang-indang, dan segala dukun itu pun dipanggilnja menghadap Seri
Batara serta dengan takutnja itu, maka diberinja nugerah oléh Sang
Nata maka disuruh memintakan do^ca kepada déwata. Setelah itu maka
datanglah kepada ketika jang baik. Pada tatkala itu bulan pun sedang
purnamanja, empat-belas hari bulan itu lakunja seperti menjuluh ana-
kanda jang akan keluar itu. Maka hajam pun berkokok terlalu ramai
bunjinja, lakunja seperti orang datang menegur rupanja, dan marga-
satwa pun berbunjilah diatas buluh gading itu, seperti orang datang
melihat putera jang baik paras keluar. Maka angin pun bertiup-tiup
10 sepoi-sepoi [1] basa, lakunja seperti / orang hendak mengipasi. Maka
serba bunga-bungaan didalam taman Penglipur Lara [1] pun berkembang-
an, semerbak baunja datang kedalam [2] istana dibawa oléh angin jang

---

7   [1] panuh;   [2] meramakan;   [3] terdangarlah;   [4] penggawah;   [5] dipés. ban.
8   [1] kenah;   [2] gandungan.
9   [1] s.i.f.-s.i.f.
10   [1] lara;   [2] taman penglipur lara pun berkembangan datang kedalam (repeated);

lemah lembut, terlalu harum baunja ditjium orang, lakunja seperti persembahkan baunja. Maka guruh pun berbunjilah antara ada dengan tiada, lakunja seperti suara [3] déwa-déwa mengabiskan baik paras. Maka seketika pun Permaisuri berputeralah seorang laki-laki, terlalu amat élok parasnja, gilang-gemilang kilau-kilauan [4] warna [5] rupanja, dan bertjahaja-tjahaja tubuhnja tiada dapat ditentang njata, dan lemah kemalai barang lakunja mengantjurkan hati segala jang melihat dia. Maka segeralah disambut oléh seri paduka seraja diberikan kepada seri inja, maka dipersembahkannja pula kepada Sang Nata seraja meng-

11   atakan, "Paduka adinda / telah berputera, tuanku, seorang laki-laki." Setelah didengar oléh Sang Nata akan sembah dajang-dajang itu, maka baginda pun terlalu suka tjita hatinja, maka lalu Sang Nata berangkat masuk kedalam puri lalu duduk dekat Permaisuri, seraja menjambut ananda baginda itu. Maka lalu diribanja oléh baginda akan ananda itu seraja ditjiumnja ananda, maka titah baginda, "Adapun anakku ini kelak banjaklah perempuan berahi akan dia." Maka dinamakan oléh baginda akan ananda itu Radén Andakén [1] Penurat namanja, maka diserahkannja oléh baginda kepada seri inja, maka segeralah disambut oléh seri inja. Maka lalu dimandikannja ananda Radén Andakén [2] Penurat oléh seri inja dan para penggawa, maka ra[c]jat sekaliannja

12   seraja memalu / bunji-bunjian dibalai manguntur itu. Maka betapa [c]adat segala para ratu [1] jang besar-besar itu baharu berputera demikian-lah adanja, maka baginda pun memberi derma akan sekalian biku dan berahmana dan segala fakir miskin, maka segala fakir miskin pun men-djadi kaja daripada kebanjakan sedekah baginda itu.

Sebermula Patih pun persembahkan anaknja seorang laki-laki ber-nama Punta Wiradjaja,[2] maka didjadikan pengasuhnja Radén Andakén Penurat. Setelah itu lalu dipeliharakannja dengan sepertinja, maka tiadalah antara selang berapa lamanja maka Radén Andakén Penurat besarlah. Maka baginda menaruh [3] ananda dimendapa [4] kulon dirumah seri inja, senentiasalah bermain-main dengan kadang-kedajannja.[5]

13   Sehari-hari ia pergi berburu [6] kedalam / hutan menjumpit burung dan mendjerat ajam hutan djua kerdjanja,[1] menjukakan hatinja. Maka selang empat lima hari maka Radén Andakén Penurat pun pergilah

---

10   [3] suarah;   [4] gilau-gilauan;   [5] warnah.
11   [1] andahkén;   [2] indakén.
12   [1] p.ratu;   [2] wiradjajah;   [3] menaru;   [4] dim.nda;   [5] kadang-kédajannja;
      [6] berburuh.
13   [1] sehari-hari ia pergi berburuh kedalam hutan menjumpit burung dan (repeated);

menghadap ajahanda bunda itu, membawa segala perburuan itu, diberi-
kannja [2] kepada ajahanda bunda itu, terlalu tjerdiknja.

Al-kisah maka tersebutlah perkataan Sang Nata dan Permaisuri
beradu diperaduannja dua laki-isteri, sampai tinggi hari Sang Nata dan
Permaisuri pun tiada akan lupa [3] gila-gila dengan membitjarakan
ananda baginda Radén Andakén Penurat djua. Setelah sianglah maka
Sang Nata dan Permaisuri pun bangunlah, lalu pergi mandi ketaman
14 Penglipur / Lara. Setelah sudah mandi lalu naiklah, maka Sang Nata
dan Permaisuri pun bersalin kain dan segala dajang-dajang pun bersalin
kain, lalu Sang Nata dan Permaisuri pun pulanglah berdjalan diiringkan
oléh segala dajang-dajangnja. Setelah sampai kedalam istana, lalu
baginda duduk dua laki-isteri. Setelah sudah, maka hidangan nasi pun
diangkat oranglah kehadapan Sang Nata dan Permaisuri. Maka kata
Sang Nata, "Hai dajang, pergilah engkau panggil akan aku tuanmu
Radén Menteri. Katakan oléhmu aku hendak santap bersama-sama
dengan anakku." Maka dajang-dajang menjembah, lalu ia berdjalan
pergi kerumahnja [1] Radén Menteri itu. Setelah sampai maka didapat-
15 kannja / Radén Menteri lagi bermain-main dengan kedajannja, maka
Radén Menteri pun menegur [1] dajang-dajang itu seraja katanja, "Hai
dajang, apakah ada pekerdjaanmu datang [2] kemari ini?" Maka dajang-
dajang pun terkedjut, lalu ia mendak menjembah seraja katanja,
"Tuanku sekarang dipersilakan oléh Sang Nata dan Permaisuri masuk
kedalam kanja-puri, tuanku, karena ajahanda bunda menanti, hendak
santap bersama-sama tuanku." Maka kata Radén Menteri, "Hai dajang,
pergilah engkau pulang dahulu. Sekarang inilah aku berdjalan pergi
menghadap ajahanda bunda baginda." Maka dajang pun menjembah
lalu keluar berdjalan. Tiada berapa lamanja berdjalan, maka dajang-
16 dajang pun sampailah kedalam kanja-puri,[3] lalu ia / mendak menjem-
bah Sang Nata dan Permaisuri, maka kata Sang Nata, "Hai dajang,
manakah anakku?" Maka dajang pun tunduk menjembah Sang Nata
dan Permaisuri seraja katanja, "Sampun, tuanku, patik persembahkan
titah tuanku kepada [1] Radén Menteri, sekarang tuanku sampai." Dalam
berkata-kata maka Radén Andakén Penurat pun sampai, lalu menjem-
bah ajahanda bunda baginda, seraja ditegur ajahanda bunda akan
Radén Menteri, katanja, "Marilah anakku dekat ajahanda bunda disini,"
maka Radén Menteri pun duduk dekat ajahanda bunda, maka hidang-

---

13 [2] dibarikannja; [3] lupah.
14 [1] karumahnja.
15 [1] menagur; [2] dajang; [3] nja-puri.
16 [1] (supplied).

an pun diangkat oranglah kehadapan Sang Nata. Maka berkata Sang
Nata, "Marilah tuan santap dengan ajahanda bunda," maka lalu mem-
17 basuh tangannja seraja santap bertiga sehidangan. / Maka Radén
Andakén Penurat pun santap dua tiga suap lalu sudah. Maka dibawa
oléh orang djurung emas dihadapan Radén Menteri, maka makan sirih
sekapur, lalu berdatang sembah hendak bermohon kembali kerumahnja.

Hatta berapa antaranja maka berkata Sang Nata kepada Per-
maisuri, "Ja adinda, lihatlah anakanda telah besarlah." Maka menjahut
Permaisuri, "Dimanakah ada anak radja-radja jang baik parasnja,
biarlah kita suruh pinangkan?" Setelah sudah Sang Nata bermusjawa-
rat,[1] maka dipanggilnja dajang-dajang maka segeralah [2] datang mendak
menjembah, maka berkatalah Sang Nata, "Hai dajang, pergilah pang-
gilkan aku Radén Menteri, katakan aku nanti." Maka dajang pun
18 berdiri lalu menjembah Sang Nata / seraja berdjalan kerumah seri inja
Radén Menteri. Tiada berapa lamanja didjalan maka sampailah, lalu
menjembah kepada Radén Menteri, seraja ditegurnja oléh Radén
Menteri, "Hai dajang, apakah pekerdjaan kamu ini datang kemari?"
Maka sahut dajang-dajang, "Tuanku dipersilakan masuk kedalam
istana, tuanku." Setelah didengar [1] oléh Radén Menteri, maka ia pun
memakai bersadja-sadja djua. Maka Radén Andakén Penurat pun ber-
djalanlah diiringkan dajang-dajang, maka tiadalah kami sebutkan halnja
didjalan. Maka ia pun sampailah kedalam istana, lalu ia mendak
menjembah Sang Nata dan Permaisuri, seraja ditegurnja ananda itu,
katanja, "Marilah tuan duduk dekat ajahanda disini. Rindunja sangat
19 / ajahanda akan tuan oléhnja lama tuan tiada masuk menghadap aja-
handa dan bunda." Maka kata Radén Andakén Penurat, "Tubuh patik
tiada sedap, tuanku, dan kepala patik pun ngelu [1] sangat, tuanku."
Maka kata Sang Nata, "Haruslah, ajahanda lihat wadjah tuanku ter-
sangat putjat." [2] Seraja Sang Nata tersenjum mendengar kata ananda
baginda, maka Sang Nata pun mendjeling kepada Permaisuri, maka
jang didjeling pun tahulah artinja djeling Sang Nata itu. Maka kata
Permaisuri, "Marilah tuan duduk dekat bunda disini," seraja Permai-
suri pun memberikan [3] puannja, lalu disambutnja puan itu seraja men-
jembah ajahanda bundanja kedua itu, lalu makan sirih. Setelah sudah,
20 maka dipersembahkan puan itu kepada Permaisuri. / Seraja disambut
oléh Permaisuri puan itu, maka kata Permaisuri, "Aduh anakku tuan,

---

17 [1] berm.sjawirat; [2] segerahlah.
18 [1] dengar.
19 [1] ngilu; [2] pudjat; [3] membarikan.

besarlah [1] sudah tuan anakku ini, belum djuga anakku beristeri." Maka Radén Andakén Penurat pun tunduk, suatu pun tiada apa katanja, maka disamar dengan makan sirih. Maka kata Sang Nata kepada ananda baginda Radén Andakén Penurat, "Baik djuga tuan turut kata bunda tuan. Biarlah ajahanda pinangkan tuan kepada anak ratu di-Bandjar Kulon." Setelah sudah daripada itu maka Radén Andakén Penurat pun tunduk masam mukanja, seraja mendjeling Permaisuri dengan ékor matanja, itu pun mangkin menambahi manis djuga, maka segala jang mengadap itu pun terlalu gemar melihat Permaisuri dua

21 berputera / itu. Seketika duduk maka hidangan pun diangkat oranglah kehadapan Sang Nata dan Permaisuri, maka baginda pun santaplah tiga berputera sehidangan itu. Setelah sudah santap, lalu makan sirih dan memakai bau-bauan jang amat harum baunja. Setelah sudah maka Radén Menteri pun bermohon pada ajahanda dan bundanja, lalu ber-djalan pulang kerumahnja. Setelah sampailah lalu ia tidur berbaring-baring diatas geta pebudjangan seraja berfikir itu. Maka Radén Andakén Penurat pun, setelah sempurna fikir, dalam hatinja itu, "Baik djuga aku turut kata ajahanda dan bundaku itu." Setelah sudah ia berfikir itu, maka Radén Andakén Penurat pun terlalai.[1] Seketika itu

22 maka ia pun / bermimpi kedjatuhan bulan diribaannja, lalu dimakannja bulan itu tiada habis. Maka Radén Andakén Penurat pun terkedjut daripada tidurnja, maka ia pun fikir dalam hatinja, "Apakah gerangan artinja mimpiku ini? Kepada siapakah aku bertanjakan?" Setelah sudah Radén Menteri berfikir, maka ia pun pergi mandi ketaman dengan segala kedajannja,[1] sambil bermain-main perang-perangan. Setelah sudah bermain-main, maka hari pun malamlah, maka Radén Andakén Penurat pun pulanglah kerumahnja dengan segala kadang-kedajannja.[1] Setelah sampai kerumahnja lalu ia beradu ditungguï oléh segala keda-jannja.[1]

Al-kisah maka tersebutlah perkataan Permaisuri menjuruhkan segala

23 para puteri itu bertenun kain, karena Permaisuri hendak / meminang anak ratu di-Bandjar Kulon kepada bulan jang dihadapan ini, karena Sang Nata hendak bangat bekerdja. Setelah demikian itu maka Permai-suri pun berangkat ketaman Penglipur Lara itu; setelah sampai kedalam taman itu, lalu masuk kedalam taman, lalu duduk dibalai pebudjangan dihadap oléh segala dajang-dajangnja. Setelah dilihat oléh segala para

20   [1] b.sj.rlah.
21   [1] terlaléh.
22   [1] kédajannja.

puteri Permaisuri itu datang, maka sekaliannja para puteri itu pun
turunlah, lalu menjembah Permaisuri. Maka Permaisuri pun naik duduk
dirumahnja para puteri itu, maka sekalian para puteri pun naik duduk
menghiasi serta menghadap Permaisuri itu. Maka kata Permaisuri: "Hai
24   sekalian tuan-tuan, bertenunkan béta kain, seorang sehelai." / Maka
segala para puteri itu pun menjembah, seraja katanja, "Mana titah
tuanku patik djundjung diatas batuk kepala patik, tuanku." Seketika
duduk maka Permaisuri pun turun mandi ketaman, dan segala para
puteri pun mandilah sekaliannja. Setelah sudah lalu naik bersalin kain,
maka titah Permaisuri, "Hai tuan-tuan sekalian, djanganlah taksir akan
perbuatkan kita ini." Maka segala para puteri itu pun menjembah,
seraja katanja, "Manatah titah patik djundjung, tuanku." Maka Per-
maisuri pun pulanglah diiringkan oléh segala dajang-dajang itu. Setelah
sudah pulang maka Radén Antaresmi pun berkata kepada saudaranja
Kén Tambuhan, seraja katanja, "Aduh adinda tuan, baik kita bertenun
25   kain jang disuruhkan oléh Permaisuri itu, karena Permaisuri / hendak
bangat-bangat itu, djanganlah tuan perbuat seperti bumi-istana kita
sendiri. Ibu suri jang menjuruhkan kita bertenun kain, maka kita léngah-
kan.[1] Djanganlah kita berbuat jang demikian, karena kita sudah men-
djadi tawanan dan djarahan orang." Setelah didengar oléh Kén Tam-
buhan kata kakanda Radén Antaresmi itu, maka Kén Tambuhan pun
menangis terkenangkan ajah bundanja dan mengenakan piatunja, sebab
tiada beribu dan berbapak, lagi terkenangkan negerinja. Maka Radén
Antaresmi pun melihat saudaranja menangis, seraja memeluk saudaranja
bertangis-tangisan, sambil berkata, "Diamlah tuan, buah hati kakanda,
diamlah mas, djangan menangis, tuan merusakkan wadjah jang permai,
26   karena sudahlah gerangan nasib kita dikehendaki oléh Déwata / Mulia
Raja. Dimana 'kan dapat kita salahi lagi, sebab kita berdua punja nasib
tiada [1] ditungguï ibu dan bapak? Djikalau ada kita punja ibu bapak,
alangkah sukanja hati ibu bapak melihat kita ini telah besarlah adanja."
Maka Kén Tambuhan pun diamlah, sebabnja mendengar [2] kata kakanda
itu, maka segala para puteri itu pun bertenun kain, masing-masing pada
tahunja.

Sebermula maka tersebutlah perkataan Radén Andakén Penurat.
Setelah sudah ia bermain kuda, maka ia pun masuk menghadap aja-
handa bunda baginda. Setelah ia sampai, maka ia pun menjembah
ajahanda dan bunda, maka segeralah [3] Sang Nata dan Permaisuri

25   [1] léngakan.
26   [1] tiada⁵ ;   [2] m.ng.r;   [3] sigeralah.

menegur, seraja berkata, "Marilah tuan duduk dekat ajahanda bunda."
Maka sembah Radén Andakén Penurat, seraja katanja, "Biarlah tuanku
patik disini, tuanku." Maka titah Sang Nata, "Mengapakah maka tuan
27 / lama tiada mengadap ajahanda dan bunda?" Maka sembah Radén
Andakén Penurat, "Tubuh patik tuanku tiada sedap." Maka Sang Nata
pun terlalu gemar mendengar [1] sembah ananda baginda itu. Seketika
duduk, maka Radén Andakén Penurat pun bermohonlah pulang keru-
mahnja. Setelah sampai, lalu Radén Andakén Penurat pun duduk
dibalai pebudjangan dihadap oléh segala kedajannja,[2] maka kata Radén
Andakén Penurat pun kepada Punta Wiradjaja, "Bagaimanakah arti
mimpi [3] orang tidur, hai kakanda? Apakah gerangan artinja aku ber-
mimpi semalam tadi?" Maka kata Punta Wiradjaja, "Pergimana mim-
pinja tuanku itu?" Maka berkata Radén Andakén Penurat, "Aku
bermimpi kedjatuhan bulan purnama, maka kumakan bulan itu, maka
28 tiba-tiba tiada habis." / Maka sembah Punta Wiradjaja, "Baiklah
sangat artinja mimpi tuanku itu. Kedjatuhan bulan [1] ᶜalamat tuanku
beroléh isteri jang baik parasnja. Sedikitnja tuanku makan bulan itu
tiada habis, ᶜalamat tuanku beroléh kesukaran, karena sebabnja itulah
patik berkata." Maka hari pun malamlah, maka hidangan pun diangkat
oranglah kehadapan Radén Andakén Penurat, maka Radén Andakén
Penurat pun santaplah dua tiga suap, lalu sudah, seraja makan sirih.
Maka hari pun djauh malam, maka Radén Andakén Penurat pun ber-
titah kepada segala kedajannja,[2] "Berhadlirlah engkau ésok hari. Aku
hendak pergi ketaman Penglipur Lara, hendak menjumpit burung."
Maka sembah Punta Wiradjaja, "Mana titah tuanku patik djundjung."
29 Maka Radén Andakén Penurat pun masuk kedalam puri, / lalu beradu
datang siang hari. Maka ia pun bangun lalu membasuh muka seraja
makan sirih, maka lalu ia hendak berdjalan, maka sembah Punta Wira-
djaja, "Baik djuga tuanku santap dahulu barang sedikit; kalau-kalau
djadi penjakit kepada tuanku, bukankah patik jang merasaï kesukaran?"
Maka Radén Andakén Penurat pun santaplah dua tiga suap lalu sudah,
seraja makan sirih, karena hatinja sangat hendak bermain-main. Setelah
demikian maka Radén Andakén Penurat pun berdjalan diiringkan oléh
segala kedajannja. Setelah sampai kesisih taman itu, maka segala keda-
jannja itu pun menjumpit burung, maka ia pun terlalu banjak beroléh
burung. Maka Radén Andakén Penurat pun berkata kepada Djaran
30 Angsoka, "Hai kakang, perbuatkan / aku sangkaran burung ini, karena

---

27 [1] mendangar; [2] kédajannja; [3] mimpi arti.
28 [1] tiada habis; [2] kédajannja.

aku hendak persembahkan kepada Sang Nata dan Permaisuri," maka
diperbuatkanlah sangkaran burung itu. Setelah demikian itu, maka
Radén Andakén Penurat pun menjumpit seékor bajan, terlalu amat
indah-indah warna [1] bulunja burung itu. Maka burung itu pun hinggap
kepada pohon kaju beringin, maka disumpitnja Radén Menteri akan
burung itu, maka kenalah dadanja.[2] Maka burung itu pun djatuh keda-
lam taman betulan tenunan Kén Tambuhan itu, maka segeralah ia
hendak menangkap burung itu; oléh Kén Tambuhan pun tertjengang-
tjengang melihat burung itu, seraja katanja, "Sajang sekali burung ini,
terlalu amat indah-indah warna bulunja." Setelah dilihat oléh Radén
31 Menteri bajan itu / djatuh kedalam taman itu, maka Radén Menteri
pun hendak masuk kedalam taman itu, maka Punta Wiradjaja pun
menjembah seraja berkata, "Djanganlah tuan masuk ketaman ini,
karena larangan seri paduka ajahanda tuanku." Maka Radén Menteri
pun tersenjum seraja katanja, "Biarlah, kakang, béta mati dibunuh oléh
Sang Nata dan Permaisuri." Setelah demikian, maka Radén Menteri
pun berdjalanlah hampir kebalai Puspa Berahi dengan sendirinja, ada-
pun segala kedajannja [1] itu tinggal diluar pintu taman itu semuanja.

Sjahadan maka Radén Andakén Penurat pun berdjalan mendapatkan
balai pebudjangan itu. Setelah dilihat oléh segala para puteri itu Radén
32 Andakén Penurat datang itu, maka / segala para puteri itu pun habis
lari, hanja jang tinggal Kén Tambuhan djuga lagi tertjengang, sebab
ia suka melihat burung itu. Maka Radén Andakén Penurat pun datang-
lah perlahan-lahan, lalu ia hampir kepada Kén Tambuhan, dalam
hatinja, "Anak ratu manakah gerangan ini? Terlalu amat baik parasnja,
sedap manis barang lakunja, merawankan [1] hati sekalian jang melihat
dia." Maka Radén Andakén Penurat pun berkata sama sendirinja,
"Djikalau anak ratu di-Bandjar Kulon sekalipun, tiada aku samakan
akan dia." Maka didekatinja [2] oléh Radén Andakén Penurat pun, terlalu
gemar ia melihat rupanja Kén Tambuhan itu, seraja tersenjum. Setelah
dilihat oléh Kén Tambuhan seorang orang muda,[3] terlalu élok sikapnja
33 dan bidjaknja sederhana, didalam / hatinja, "Inilah rupanja putera
Seri Batara, maka demikian rupanja." Maka Kén Tambuhan pun
hendak berlari, tiada sempat. Maka lalu dipegangnja oléh Radén
Andakén Penurat tangan Kén Tambuhan, seraja katanja, "Aduh ari-
ningsun, ratna pekatja, déwa susunan, sang lir sari, utama djiwa pun

---

kakang ini, hendak kemanakah tuanku berlari ini, karena tuan sudah pun dalam tangan pun kakang ini, tiadalah pun kakang hendak melepaskan lagi emas djuita pun kakang. Tuanlah jang dapat mengobati penjakit pun kakang." Maka kata Kén Tambuhan, "Aduh tuanku, lepaskanlah tangan patik tuanku, karena patik disuruhkan oléh Permaisuri bertenun kain, tuanku, karena Permaisuri hendak / bangat membawa petiban sampir ke-Bandjar Kulon, tuanku," sambil ia menggosok-gosok air-matanja. Maka kata Radén Menteri seraja tersenjum, "Aduh tuan, djiwa pun kakang, apakah namanja kain ini? Kakang belum tahu namanja, tuan." Maka Kén Tambuhan pun tunduk sambil menjapu air-matanja, terkenangkan untungnja diperbuat orang jang selaku ini. Maka kata Radén Menteri, "Aduh gusti, ariningsun, djiwa pun kakang jang seperti bajang-bajang bidadari Sakurba, sahutilah kata pun kakang." Maka berkata Kén Tambuhan sambil berlinang-linang air-matanja, "Adapun namanja kain ini geringsing wajang, lelakon Radjuna tapa, pakaian puteri jang baik rupa di-Bandjar Kulon, tuanku." Maka [1] Radén Menteri pun berkata seraja tersenjum-senjum, "Tiadalah pun kakang mau lagi ke-Bandjar Kulon. Tuankulah / jang djadi makota pun kakang, dan djikalau tudjuh kali pun kakang mati hidup pula, tiadalah pun kakang mau [1] beristeri kepada perempuan jang lain lagi daripada tuan, dan djikalau tuan dimurkaï oléh Sang Nata dan Permaisuri, biarlah pun kakang menanggung dia." Maka kata Kén Tambuhan seraja menangis, sambil berkata, "Aduh tuanku, masa 'kan tuanku dipengapakan oléh Seri Batara, melainkan patik djuga orang jang hina papa jang tiada keruan bangsa menanggung dia." Maka kata Radén Andakén Penurat, "Djanganlah tuanku, ariningsun, djiwa pun kakang jang seperti déwi Darmadéwi jang turun maréng kajangan kedunia, biarlah pun kakang dimurkaï oléh Sang Nata dan Permaisuri." / Maka kata Kén Tambuhan, "Aduh tuanku, lepaslah tangan patik. Djanganlah tuanku berbuat jang demikian ini." Maka sahut Radén Andakén Penurat, "Inilah balasnja tuanku hendak menangkap burung bajan patik tadi." Maka kata Kén Tambuhan, "Tiada patik menangkap burung tuanku itu, adalah ia dipohon delima [1] itu."

Sjahadan maka segala para puteri melihat segala kelakuan Radén Andakén Penurat itu, maka berkata puteri Lasem, "Bukannja salah [2] daripada Kén Tambuhan ini. Adapun jang salah [2] itu daripada Radén

---

34   [1] maka kata.
35   [1] mau[5].
36   [1] dalima;   [2] sala.

Menteri djuga jang salah ² demikian ini." Maka Radén Menteri pun
mendukung Kén Tambuhan kerumahnja, lalu ia masuk kedalam per-
aduannja lalu diribanja, seraja dibudjuknja dengan kata jang manis-
37   manis. Maka Kén Tambuhan / pun menangis seraja mengempaskan
dirinja, lalu disambut oléh Radén Menteri, lalu didukungnja masuk
keperaduannja, seraja diribanja dan dibudjuknja dengan kata jang
manis-manis. Maka Kén Tambuhan pun menangis djuga, maka Radén
Menteri pun berkata, "Diamlah tuan, ariningsun, ratna pekatja, déwa
susunan, ratna djuita, sang lir sari. Diamlah tuan, dengar kakang
berkata. Diam tuan, djanganlah bertjinta, seluruh desa ini ditjari tiada
mendapat intan baiduri. Aduh emas, djanganlah tuan menangis, peng-
astukara. Sudahlah tuan menangis, sajang mata jang permai mendjadi
balut, dan suara jang merdu mendjadi parau, dan wadjah jang permai
38   mendjadi suram. Diamlah tuan, djangan sangat merindukan. / Apakah
sudahnja tuan dengan menangis? Marilah adinda tuan kita beradu,
karena hari telah djauh malam, dengarlah tuan kata pun kakang."
Lalu ia memakan sirih, sepahnja pun diberikannja kepada Kén Tam-
buhan, serta bertemu mulut. Setelah itu maka tiadalah pun dalang
sebutkan halnja orang dalam peraduan menggulat, serta maᶜlumlah
tuan-tuan jang menaruh ¹ dendam berahi, adalah seperti suatu narwastu
didalam tjembul,² djikalau terbuka tjembul itu, apakah hal isinja ³ itu
adanja?

Sebermula maka tersebutlah perkataan segala kedajannja ⁴ jang
tinggal diluar pintu taman Penglipur Lara itu, maka dilihatnja Radén
Menteri tiada djuga ia keluar, maka berkata ⁵ Punta Wiradjaja kepada
39   / segala kedajannja, "Apakah bitjara kita sekarang ini?" Maka sahut
sekalian kedajannja itu, "Tetap kepada fikirku baik djuga kita pulang
dahulu, kita persembahkan sekalian kelakuannja Radén Menteri kepada
Sang Nata dan Permaisuri, dan djikalau sudah kita persembahkan,
manalah bitjaranja Sang Nata kepada kita; dan djikalau tiada kita
persembahkan kepada Sang Nata, nistjaja dapat salah kita kepada Sang
Nata." Setelah sudah maka sekalian kedajannja itu pun membenarkan
kata Punta Wiradjaja itu, maka Punta Wiradjaja dan sekalian keda-
jannja pun berdjalanlah, lalu mendapatkan Sang Nata dan Permaisuri.
Setelah sampai kepengadapan, maka Punta Wiradjaja pun segeralah
pergi mendapatkan Sang Nata dan Permaisuri, lalu ia menjembah maka
40   ditegur oléh Sang Nata dan Permaisuri, "Hai Punta, manatah /

---

38   ¹ menaru;   ² djembul;   ³ isihnja;   ⁴ apatah bitjara kita sekarang ini maka
sahut segala kedajannja (inserted);   ⁵ ia berkata dan keluar maka (inserted).

anakku?" Maka sembah Punta Wiradjaja, "Ada ditaman Penglipur Lara, tuanku, dirumahnja anak Ratu Wengger, tuanku." Demi didengarnja [1] oléh Permaisuri katanja Punta Wiradjaja itu, maka Permaisuri itu pun masuk keistana, seraja katanja, "Djikalau demikian pekerdjaannja Andakén [2] Penurat ini, tiadalah ia mau beristerikan anak ratu di-Bandjar Kulon lagi, dan djikalau didengarnja [1] ratu di-Bandjar Kulon akan pekerdjaan Andakén [2] Penurat ini, tiadalah ia mau menerima, karena didengarnja [1] ia sudah bermukah [3] dengan anak Ratu Wengger itu." Maka berkata Sang Nata, "Ja adinda, tiada mengapa. Sudahlah cadatnja laki-laki itu gemar beristeri banjak." Setelah didengar [4] oléh Permaisuri titah Sang Nata itu, maka Permaisuri [5] pun mangkin masam

41 mukanja menengar titah Sang Nata itu, lalu / berangkat [1] masuk kedalam puri dengan masjghulnja akan anakanda baginda itu, didalam hatinja, "Djikalau belum Kén Tambuhan kubunuh itu, belum puas rasa hatiku." Setelah demikianlah kata Permaisuri itu, maka Sang Nata pun berangkat masuk kedalam puri, lalu beradu. Setelah itu maka pada keésokan harinja, maka Permaisuri pun pergilah ketaman berdjalan diiringkan dajang-dajang dari pintu maling. Setelah sampai ketaman, lalu naik duduk dibalai. Setelah dilihat oléh segala para puteri akan Permaisuri datang itu, maka segala para puteri pun turun mendak menjembah kepada Permaisuri. Maka kata Permaisuri, "Hai tuan-tuan sekalian, manatah kain jang kita suruhkan, dan manatah anak Ratu

42 Wengger, dan manatah kain itu? Sudahkah / habis? Sahadja-sahadja ia hendak membinasakan anakku djuga, si anak mati dibunuh itu, dan lagi ia tiada memandang kepada Sang Nata dan tiada membilangkan aku." Setelah itu maka Permaisuri pun pulanglah dengan masjghulnja, daripada takutnja akan anaknja itu, djikalau tiada nistjaja ia dibinasakannjalah Kén Tambuhan itu. Setelah sudah [1] Kén Tambuhan menengar kata Permaisuri itu, maka ia pun menangis terkenangkan ajah bundanja, maka [2] Radén Andakén Penurat pun berkata, "Ja adinda tuanku, djanganlah ambilkan didalam hati adinda kata orang tua itu. Masa 'kan ia sungguh-sungguh [3] kusarkan kepada tuan." Maka kata Kén Tambuhan, "Apatah sakitnja dan sukarnja kepada tuanku itu, melainkan patik djuga anak jang tidak beribu dan berbapak dan tiada

43 berbangsa, mendjadi tawanan / dan djarahan orang, duduk terselit dibumi istana orang, jang menanggung dia kata jang pedas-pedas.[1]

40 [1] didangarnja; [2] andahkén; [3] bermuka; [4] didangar; [5] permaisu.
41 [1] barangkat.
42 [1] maka; [2] maka kata; [3] sunggu-sunggu.
43 [1] padas-padas;

Didalam pada itu pun masa 'kan patik boléh mengapa. Tetap patik djuga menanggung dia, karena patik ini sedia hamba kepada tuanku, tetapi sedikit tiada salah daripada patik ini." Setelah didengar oléh Radén Menteri kata Kén Tambuhan itu, maka Radén Andakén Penurat pun tersenjum, seraja dipeluknja dan ditjiumnja [2] pipinja isterinja itu, maka ditepiskannja tangan Radén Menteri lagi, lalu Kén Tambuhan mendjeling seraja katanja, "Aduh ingsun, mas mérah, utama djiwa, tuanku ini satu sebagai." Maka kata pula Kén Tambuhan lagi, "Tuanku

44 / ini sebagai budak-budak jang kekurang susah laku tuan ini, sebabnja pekerdjaan tuanku djuga maka patik mendjadi selaku ini, menanggung kata jang demikian ini." Maka Radén Menteri pun suka tertawa, seraja didukungnja isterinja, dibawanja keperaduannja, seraja dibudjuknja dengan kata jang manis-manis, katanja, "Aduh gusti, mas tempawan, ariningsun, ratna pekatja, déwa susunan, sang lir sari, pengastukara, djuita pun kakang jang seperti déwa segala bunga-bungaan ditaman Bandjaran Sari, serahkanlah njawa tuan kepada pun kakang." Maka Kén Tambuhan pun diulitnja oléh Radén Menteri, datang lingsir hari baharulah ia bangun.

Sebermula Permaisuri setelah ia sudah kembali dari dalam taman
45 itu, maka ia duduklah / dekat Sang Nata, maka segeralah ditegur oléh Sang Nata seraja tersenjum, "Dari mana adinda datang dari sepagian ini?" Maka kata Permaisuri, "Béta datang dari taman Penglipur Lara." Maka Sang Nata pun tersenjum, karena baginda itu pun tahulah akan kata Permaisuri itu. Setelah seketika duduk, maka kata Permaisuri kepada dajang-dajang itu pun,[1] "Hai dajang, pergilah engkau pang-gilkan aku Radén Menteri." Maka dajang-dajang pun mendak menjem-bah, lalu berdjalan keluar pergi ketaman Penglipur Lara kerumah Kén Tambuhan, bertanja [2] manakah Radén Menteri itu, maka sahut ham-banja Kén Tambuhan itu, "Radén Menteri lagi beradu." Maka dajang itu pun lalu kembali memberi-tahu Permaisuri. Setelah dajang itu sampai keistana, maka ia pun [3] mendak menjembah Permaisuri menga-
46 dap,[4] / maka katanja, "Tuanku, paduka anakanda lagi beradu tuanku." Maka katanja Permaisuri, "Mengapa maka engkau tiadalah nanti tadi?" Maka dajang itu pun pergi pula kerumahnja Kén Tambuhan. Setelah sampai maka didapatnja Radén Menteri baharulah bangun dengan Kén Tambuhan lagi duduk dimuka pintu peranginan. Setelah dajang melihat

---

rupanja Kén Tambuhan itu, maka ia pun [1] chairan tertjengang-tjengang
tiada boléh berkata-kata, disangkanja bidadari Sakurba dikajangan
turun kedunia, karena Kén Tambuhan itu sudah bertjampur rupanja
dengan Radén Menteri itu mangkin menambahi pula baik rupanja,

47 gilang-gemilang [2] kilau-kilauan tiada dapat ditentang / njata, dan
giginja hitam seperti sajap kumbang, dan bibirnja [1] mérah tua, dan
lakunja seperti pedapa laju,[2] dan rambutnja seperti majang mengurai,
dan pinggangnja seperti taruk [3] angsoka, dan susunja seperti telur
burung dara,[4] dan matanja seperti bintang timur, dan betisnja seperti
bunting padi, dan perutnja [5] seperti bentuk laut, dan mukanja seperti
gambar baharu diréka, dan hidungnja seperti kalam dirantjum, dan
pipinja seperti pauh [6] dilajang, dan dagunja seperti tawon [7] bergantung,
dan alisnja seperti kembang turi, dan anak rambutnja menetak wilis,
itu pun mangkin menambahi manisnja djuga, haruslah ia digilakan oléh

48 Radén Menteri. / Sedang perempuan [1] samanja perempuan lagi gila
ia memandang dia, astaméwa pula laki-laki djangan dikata lagi. Setelah
dilihat oléh Radén Menteri dajang-dajang itu datang, maka segeralah
ditegurnja oléh Radén Menteri, katanja, "Hai dajang, hendak kemana
engkau ini?" Maka kata dajang itu seraja menjembah, "Ja tuanku
dipersilakan oléh paduka bunda tuanku." Maka kata Radén Menteri,
"Pergilah engkau pulang dahulu, sekarang aku pergi mengadap paduka
bunda," maka dajang-dajang itu pun menjembah, lalu berdjalan kem-
bali menghadap Permaisuri. Setelah itu maka Permaisuri pun segera [2]
menegur dajang-dajang itu, seraja katanja, "Manatah Radén Menteri,
hai dajang?" Maka dajang-dajang pun segera [2] mendak menjembah

49 serta dengan / gemetar, serta dengan takutnja, seraja menjampaikan
segala kata Radén Menteri itu. Setelah baginda laki-isteri [1] menengar
kata ananda baginda itu, maka terlalu suka hatinja Permaisuri, sungguh-
sungguh ia kasih rupanja akan Kén Tambuhan itu, tetapi dalam hatinja
Permaisuri, "Djikalau Kén Tambuhan itu belum kubunuh, belum puas
rasanja hatiku, tetapi Andakén [2] Penurat ini hendak kuperisterikan
ke-Bandjar Kulon djuga pada rasa hatiku." Setelah demikian fikir
baginda itu, maka seketika lagi maka bulan pun terbitlah, tjahajanja
kena permata tjintjin jang dipakainja oléh Kén Tambuhan itu, maka
mangkin bertambah-tambahlah élok parasnja. Maka Radén Menteri
pun memeluk dan mentjium Kén Tambuhan, seraja katanja, "Aduh

---

46   [1] itu pun ia;   [2] gilang-kemilang.
47   [1] b.branja;   [2] lajak;   [3] tarik;   [4] darah;   [5] parutnja;   [6] pau;   [7] aw.n.
48   [1] per.mpu;   [2] segirah.
49   [1] lagi-isteri;   [2] kén.

50   tuan, kakang hendak / bermohon pergi mengadap paduka bunda."
Setelah didengar oléh Kén Tambuhan Radén Menteri hendak pergi
mengadap paduka bundanja dan Sang Nata itu, maka ia pun menge-
tjap [1] seraja memalis, suatu pun tiada apa katanja. Maka Radén
Andakén Penurat pun belas hatinja memandang kelakuan isterinja,
maka mangkin bertambah-tambah akan kasihnja kepada Kén Tambu-
han itu, seraja diberinja sepah bertemu mulut, lalu dipeluknja dan
ditjiumnja, seraja katanja, "Tinggallah tuan, tinggallah gunung kem-
bang,[2] tangkai hati, urip waras, gusti, pengastukara, kakang mohonkan
sepah tuan jang terbuang, hendak perbuat bekal kakanda berdjalan.
51   Aduh tuan, kakang hendak mengadap Sang Nata dan Permaisuri," /
seraja dipeluknja dan ditjiumnja. Lalu ia berdjalan, maka Kén Tam-
buhan pun diam, suatu pun tiada apa katanja, sekadar air-matanja
djuga bertjutjuran seperti muti gugur daripada tangkainja, dan matanja
pun seperti buah bemban [1] jang masak gugur daripada tjarangnja.
Setelah dilihat oléh Radén Menteri kelakuan isterinja, maka ia pun
berbalik pula memeluk mentjium isterinja, seraja katanja, "Aduh ari-
ningsun, djikalau tuan tiada réla pun kakang pergi, tiadalah pun kakang
berani melaluï titah djiwa pun kakang. Diamlah tuan, diamlah gusti,
diamlah. Djangan berusak hati. Biarlah pun kakang dimurkaï oléh Sang
Nata dan Permaisuri, karena sebab tuan tertambat didalam hati pun
52   / kakang ini. Djikalau tudjuh kali pun kakang mati mendjelma pula,
biarlah kakang mendjadi hamba kebawah telampakan tuanku djuga.
Tiadalah pun kakang mau memandang muka perempuan jang lain lagi
daripada tuan, karena tuanlah djadi penawar hati kakang, dan hanjalah
tuan akan mendjadi tjahaja mata pun kakang. Aduh tuan, dengarlah
kata pun kakang ini, djanganlah tuan berusak hati. Adalah kakang
ini laksana pungguk merindukan bulan, dan Djentajung menantikan
hudjan," seraja diberinja [1] sepah, lalu dipeluknja dan ditjiumnja, lalu
disapunja air-mata isterinja. Maka [2] ia berkata, "Aduh gusti, ariningsun
53   jang seperti bidadari Tundjung Maja, kakang pohonkan / sepah tuan
jang terbuang akan bekal pun kakang berdjalan." Maka Kén Tambuhan
pun makan sirih, sepahnja diberikannja kepada suaminja, maka disam-
but oléh Radén Menteri sepah itu, seraja dipeluknja dan ditjiumnja
isterinja, seraja katanja, "Tinggallah tuan, djiwa pun kakang, kakang
hendak berdjalan," lalu ia turun berdjalan diiringkan oléh segala

50   [1] mengatjap;   [2] (supplied).
51   [1] bembem.
52   [1] dirinja;   [2] maka sambil.

kedajannja [1] sekalian. Adapun sepeninggal Radén Menteri itu, maka Kén Tambuhan pun berdiam dirinja, suatu pun tiada [2] apa katanja.

Sebermula maka tersebutlah perkataan Radén Andakén Penurat [3] berdjalan itu. Setelah sampai kedalam puri, maka didapatkannja Sang
54 Nata duduk dengan Permaisuri dihadap- / -lah akan segala bini-adji dan gundik Sang Nata. Setelah Sang Nata dan Permaisuri melihat ananda baginda datang itu, maka segeralah ditegur, seraja katanja, "Marilah tuan anakku disini, duduk dekat ajahanda," seraja menjembah ajahanda dan bunda. Maka Sang Nata pun berkata pula, "Marilah anakku disini, duduk dekat ajahanda bunda," maka berkata Radén Menteri, "Baiklah tuanku," lalu ia duduk dekat ajahanda seraja menjembah. Maka Sang Nata pun mengundjukkan puannja kepada ananda baginda, maka segeralah disambut oléh Radén Menteri puan itu seraja menjembah, lalu makan sirih. Setelah sudah maka dipersem-
55 bahkannja puan itu kepada Sang Nata, maka katanja, "Mengapa / maka tuan lama tiada datang menghadap ajahanda?" Maka sembah Radén Menteri, "Kepala patik sangat ngelunja,[1] tuanku." Maka titah Sang Nata, "Haruslah, maka ajahanda lihat muka tuan sangat putjat-nja." Maka sahut Permaisuri, "Bagaimana tiada putjat, karena orang baharu berpenganténan?" Setelah didengar [2] oléh Radén Menteri titah Permaisuri itu, maka ia pun tunduk masam mukanja, suatu pun tiada apa katanja. Itu pun mangkin menambahi manisnja djuga. Maka titah Sang Nata, "Sudahlah ᶜadatnja laki-laki jang demikian itu." Setelah seketika maka hidangan pun diangkat oranglah kehadapan Sang Nata, seraja katanja, "Marilah tuan anakku santap bersama-sama dengan ajahanda." Maka Radén Menteri pun menjembah seraja membasuh
56 / tangan, lalu santap dua tiga suap, lalu berhenti seraja makan sirih dan memakai bau-bauan. Setelah itu maka Radén Menteri pun ber-mohon pulang kepada Sang Nata dan Permaisuri, lalu berdjalan diiring-kan oléh segala kedajannja.[1] Setelah sampai [2] ketaman [3] Penglipur Lara itu, lalu masuk kedalam rumahnja, maka kata Radén Menteri kepada inangda,[4] "Manatah adinda Kén Tambuhan?" Maka sembah inangda,[4] "Ada dibalai Puspa Berahi, tuanku, lagi tidur berbaring-baring, lagi suka ia melihat terang bulan itu, tuanku." Maka Radén Menteri pun tersenjum, lalu pergi mendapatkan Kén Tambuhan. Setelah datang lalu dipeluknja léhér isterinja, seraja katanja, "Sudah-

---

53 [1] kédajannja; [2] tiada⁵; [3] kén penurat.
55 [1] ngilunja; [2] didangar.
56 [1] kédajannja; [2] seraja; [3] (altered by copyist from katanja); [4] inangdah.

57 kah / tuan santap?" Maka sahut Kén Tambuhan itu, "Belum, tuanku,
patik makan lagi. Patik suka melihat terang bulan ini dan awan pun —
sekali ia bertemu, sekali ia bertjerai, dan sekali ia meliputi bulan itu,
seperti orang dua laki-isteri, sekali ia bertjerai dan sekali ia berkasih-
kasihan pula, maka hilanglah pengarapan isterinja." Maka Radén
Menteri pun tersenjum mendengar [1] kata isterinja itu, tetapi ia tahu
djua akan arti kata isterinja, seraja katanja, "Aduh ariningsun, utama
djiwa, ratna pekatja pun kakang, djanganlah tuan berkata jang demi-
kian itu. Tahulah pun kakang arti kata tuan itu." Maka kata Radén
58 Menteri, "Dari selamanja pun kakang sudah berkata, djikalau / tuan
hendak santap, santaplah djuga tuan, ariningsun, djiwa pun kakang,
dahulu. Djanganlah tuan menantikan pun kakang lagi. Adapun kakang
meninggalkan tuan tadi seperti tiada terdjalan rasanja pada hati pun
kakang," sambil dipeluknja dan ditjiumnja akan isterinja. Seketika itu
maka hidangan pun diangkat oranglah kehadapan Radén Andakén
Penurat, maka kata Radén Menteri kepada isterinja, seraja katanja,
"Marilah tuan, ariningsun, kita makan bersama-sama pun kakang tuan,"
lalu dibasuhnja tangan isterinja, lalu ia makan dua orang sehidangan.
Setelah sudah maka ia pun makan sirih dan memakai bau-bauan jang
59 amat harum baunja, seraja makan sirih pula. Maka sepahnja / diberi-
kannja kepada isterinja, lalu dibawanja keperaduan, lalu beradu laki-
isteri. Maka tiadalah ᶜarif sebutkan halnja didalam peraduan itu, karena
maᶜlum tuan-tuan sekalian halnja orang jang baharu berpenganténan
itu, maka diterhentikan perkataan Radén Menteri adanja.
   Al-kisah maka tersebutlah perkataan Sang Nata dan Permaisuri.
Setelah sudah Radén Menteri pulang itu, maka Sang Nata dan Permai-
suri pun berangkat masuk kedalam puri, maka katanja Permaisuri,
"Djikalau kita meminang anak ratu di-Bandjar Kulon, adakah diterima-
njakah atau tiadakah, karena anak kita sudah bermukah [1] dengan anak
ratu Wengger itu, jang bernama Kén Tambuhan?" Maka kata Sang
60 Nata kepada Permaisuri, / "Biarlah ia dahulu, sementara ia lagi kasih
akan dia. Masa 'kan ia kasih selamanja." Setelah Permaisuri menengar
titah [1] Sang Nata, maka Permaisuri pun terlalu ngeran,[2] dalam hatinja
Permaisuri, "Djikalau belum aku suruh bunuh si Kén Tambuhan itu,
belum puas rasa hatiku." Setelah demikian fikirnja, maka hari pun
sianglah, maka titah Permaisuri kepada dajang-dajang itu, "Hai dajang,

---

57   [1] mendangar.
59   [1] bermuka.
60   [1] titah ia kepada;   [2] ngaran;

pergilah engkau panggilkan aku Radén Menteri." Maka dajang itu pun
segera ia mendak menjembah, lalu berdjalan ketaman itu. Setelah itu
maka pada malamnja Kén Tambuhan pun bermimpi memakai serba
mérah, dan dipanggil oléh Batara Guru.[3] Maka Kén Tambuhan pun
61   pergilah kekajangan / Batara Guru [1] itu, lalu mengambil bunga widjaja.
Setelah itu maka Kén Tambuhan pun terkedjut daripada tidurnja itu,
lalu bertjutjuran air-matanja serta letih lesunja [2] rasa tubuhnja, seperti
pedapa laju. Setelah seketika maka hari pun sianglah, maka Radén
Menteri pun bangunlah dua laki-isteri, lalu membawa isterinja [3] basuh
muka. Setelah sudah maka ia pun duduklah dibalai dihadap oléh segala
dajang-dajang. Setelah seketika maka dajang-dajang penjuruh daripada
Permaisuri itu pun datanglah kerumah Kén Tambuhan itu, maka
dajang-dajang itu pun menjembah seraja katanja, "Tuanku dipersilakan
oléh paduka bunda masuk keistana." Maka kata Radén Menteri, "Pergi-
lah engkau pulang dahulu, sekarang aku masuk mengadap." Maka
62   dajang-dajang itu / pun menjembah, lalu ia berdjalan pulang. Setelah
dajang-dajang itu pun sampailah keistana, lalu masuk mangadap Sang
Nata dan Permaisuri, seraja mendak menjembah menjampaikan segala [1]
kata Radén Menteri, maka Permaisuri pun diamlah.

Sebermula Radén Menteri pun berkata kepada isterinja, "Aduh
ariningsun, utama djiwa, ratna pekatja,[2] kakang pohonkan sepah tuan
jang terbuang akan bekal kakang berdjalan." Maka isterinja pun makan
sirih, sepahnja diberikannja kepada suaminja. Maka segeralah disambut
oléh Radén Menteri, seraja dipeluknja dan ditjiumnja, lalu berdjalan
sambil ia menoléh-noléh kebelakang melihat isterinja. Lakunja Radén
Menteri berdjalan itu seperti tiada akan terdjalan rasanja, karena
sajang ia meninggalkan isterinja itu. Setelah sampai, lalu masuk ke-
63   istana. / Setelah dilihat oléh Permaisuri ananda datang, maka [1] segera [2]
ditegur, seraja katanja, "Marilah tuan anakku disini, duduk dekat
bunda," maka Radén Menteri pun menjembah lalu duduk, seraja kata-
nja, "Apakah pekerdjaan tuanku memanggil patik?" Maka kata Permai-
suri, "Aduh anakku tuan, adapun bunda menjuruh memanggil tuan
karena lamalah sudah bunda tiada makan daging seladang, ingin
rasanja bunda hendak makan daging perburuan.[3] Pergilah tuan tjarikan
bunda." Maka sembah Radén Menteri, "Baiklah tuanku, ésok harilah
patik pergi kehutan berburu," [4] seraja menjembah lalu bermohon

60   [3] guruh.
61   [1] guruh; [2] lasunja; [3] (supplied).
62   [1] sekala; [2] pekadja.
63   [1] maka maka; [2] segerah; [3] perbun; [4] berburuh.

kepada Permaisuri, maka ia pun berdjalan mendapatkan Sang Nata.
64 Setelah sampai maka ia mendak menjembah, maka titah / Sang Nata,
"Marilah tuan duduk dekat ajahanda," maka sembah Radén Menteri,
"Baiklah tuan," lalu ia duduk seraja menjembah. Maka titah Sang
Nata, "Apakah pekerdjaan tuan dipanggil oléh bunda tuan?" seraja
disapunja belakang anakanda itu. Maka sembah daripada Radén Men-
teri, seraja katanja, "Patik disuruh pergi berburu,[1] tuanku." Maka titah
Sang Nata, "Manakala tuan anakku pergi?" Maka sembah Radén
Menteri, "Ésok hari, tuanku, patik pergi." Maka titah Sang Nata,
"Djangan tuan pergi lama-lama, karena ajahanda sangat bertjintakan
tuan," maka sembah Radén Menteri, "Baiklah tuanku, tiadalah patik
pergi lama. Sehingga[2] sehari dua hari djuga, tuanku, patik kembali."
Maka bertitah Sang Nata kepada ananda baginda, "Ja anakku tuan,
65 apakah bitjara / tuan sekarang, karena ajahanda hendak menjuruh
minang anak ratu di-Bandjar Kulon?" Maka Radén Menteri pun tiada
menjahut seraja masam mukanja, lalu titik air-matanja, seraja makan
sirih, maka Sang Nata pun sangat belas rasa hatinja melihat laku ana-
kanda baginda itu. Maka Sang Nata pun segera[1] memegang tangan
anakanda baginda, sambil dibudjuknja dengan kata jang manis-manis,
seraja katanja, "Diamlah tuan anakku, djanganlah tuan menangis, dan
djangan tuan gusarkan ajahanda. Djikalau tuan tiada mau ke-Bandjar
Kulon, sudahlah. Djanganlah tuan anakku menangis," seraja baginda
memeluk mentjium kepada anakanda, lakunja seperti orang hendak
bersudah-sudahan kasih rupanja. Maka segala jang melihat kelakuan
66 Sang Nata kedua berputera itu maka / sekalian jang melihat turut belas
hatinja. Setelah seketika duduk, maka Radén Menteri pun mendak
menjembah kepada Sang Nata, lalu berdjalan pulang. Maka Sang Nata
pun terlalu gemar melihat lakunja anakanda berdjalan itu antara ada
dengan tiada, lemah lembut lakunja berdjalan itu seperti putjuk ke-
anginan, dan seperti taruk angsoka muda[1] ditiup oléh angin lakunja
berdjalan itu. Maka Sang Nata pun terlalu amat gemar melihat lakunja
anakanda itu, seperti diantar dengan ékor matanja, terlalu pilu rasa
hatinja baginda, dan segala para menteri dan penggawa sekalian pun
pada belas hatinja melihat laku Radén Menteri berdjalan itu, seperti
tiada akan kembali lagi rupanja.
Sebermula maka Radén Menteri pun sampailah ke-Taman Penglipur

---

64 [1] berburuh; [2] sehinggah.
65 [1] segerah.
66 [1] mudah.

67 Lara itu, / maka didapatnja akan Kén Tambuhan lagi ia menabuh [1]
gendér mengiburkan hatinja, dan ia pun terkenangkan untungnja tiada
samanja djuga dengan orang lain, sambil bertjutjuran air-matanja, itu
pun mangkin menambahi manisnja djuga. Adapun ia menabuh [1] gendér
itu suaranja antara ada dengan tiada, maka air-matanja pun berham-
buran djatuh kedadanja, tiadalah djuga dichabarkannja, maka mukanja
pun putjat-putjat manis djatuh bagai tiada beroh. Maka sekaliannja
jang mendengar [2] bunji gendér itu antara ada dengan tiada lagi pun
terhenti bagai tiada akan terdjalan bunjinja menabuh [1] gendér itu,
sekaliannja menangis. Setelah itu maka Radén Menteri pun datang

68 perlahan-lahan dari belakang Kén Tambuhan mengintai / isterinja
memalu gendér itu, maka ia pun terlalu belas hatinja, dan bertambah-
tambah pilu hatinja melihat kelakuan isterinja dan menengar bunji
gendér antara ada dengan tiada. Lalu ia duduk disisinja isterinja, seraja
katanja, "Pandai sungguh tuan menabuh [1] gendér. Adjarlah pun ka-
kang [2] menabuh [1] gendér ini." Setelah Kén Tambuhan melihat Radén
Menteri datang itu, maka ia pun berhentilah daripada menabuh [1]
gendér itu, seraja didjelingnja [3] dengan ékor matanja, sambil ia menge-
tjap suatu pun tiada apa katanja, seraja memalis, matanja balut-balut
bengkak bekas menangis. Setelah dilihat oléh Radén Andakén Penurat
akan isterinja menangis itu, maka terlalu belas rasa hatinja melihat laku
isterinja seperti tiada beroh, barang lakunja itu memberi belas hati

69 segala jang melihat dia. Setelah / itu maka Radén Menteri pun hantjur-
luluh hatinja memandang lakunja jang demikian itu, maka lalu segera
didukungnja isterinja seraja diberinja sepah, dan dipeluknja dan ditjium-
nja, seraja katanja, "Aduh djiwa pun kakang, déwa segala bunga, aduh
gusti, buah hati pun kakang jang seperti bidadari kajangan, apakah
sebabnja maka tuan memberi belas hati pun kakang? Aduh tuan,
ariningsun, ratna pekatja, déwa susunan, mengapa maka tuan menangis
ini, dan apa mulanja maka laku tuan tiada bagai sediakala kakang
lihat tuan? Katakan apakah tuan kepada pun kakang. Mudah-mudahan
berlaku atas pun kakang kerdjakan; dan tiadakah suka hati tuan duduk
dinegeri ini, dan dimana negeri jang tuan suka? Katakan kepada pun

70 kakang supaja pun kakang / andon perang. Aduh tuan, buah hati
pun kakang, djangan apalah kiranja tuan berusak hati. Tuan pertjajalah
kata pun kakang. Aduh tuan, ratna djuita, emas tempawan, dengarlah
tuan kata pun kakang ini, tiada pun kakang mau memandang perem-

---

67 [1] menabu; [2] mendangar.
68 [1] menabu; [2] pu kakang; [3] didjalingnja.

puan jang lain daripada tuan. Dan ada suatu pesan pun kakang djangan
tiada tuan sampaikan: djikalau pun kakang [1] mati, nantilah pun kakang
dipintu kajangan," ia berkata-kata itu sambil titik air-matanja. Setelah
demikian maka Kén Tambuhan pun menangis, suatu tiada apa katanja,
seperti disahuti dengan air-matanja. Maka Radén Menteri pun memeluk
mentjium isterinja, seraja dibudjuknja dan dirumrumnja dengan kata
jang manis-manis. Maka Kén Tambuhan pun mangkin sebal rasa hati-
71 nja melihat kelakuan Radén Menteri / itu, seperti orang menjudah-
njudahkan kasih, maka air-matanja pun berhamburan tiada berasa lagi.
Setelah dilihat oléh Radén Menteri isterinja itu menangis, maka segera [1]
dipeluknja dan ditjiumnja, sambil ditangisnja seraja katanja, "Diamlah
tuan, djangan menangis. Apalah sudahnja [2] tuan dengan demikian ini.
Biarlah pun kakang membuang diri pun kakang ini, dan djikalau tuan
takut sangat akan kata bunda suri, nantilah tuan dahulu barang sehari
dua hari ini, karena pun kakang disuruh oléh bunda suri pergi ber-
buru.[3] Nantilah tuan pun kakang datang daripada berburu [3] ini, maka
pun kakang bawa [4] tuan kenegeri jang mana tuan kehendak itu."
72 Setelah didengar oléh isterinja kata Radén Menteri itu, maka / ia pun
diamlah dan adalah suka hatinja, karena sebab ia menengarkan kata
Radén Menteri itu. Tetapi tiadalah sedap rasanja hati, karena ia hendak
ditinggalkan oléh suaminja itu, seraja berlinang-linang air-matanja.
Maka kata isterinja, "Bilamanakah tuan hendak pergi berburu [1] itu?"
Maka sahut Radén Menteri, "Ésok hari, tuanku, kakang berdjalan."
Maka kata isterinja, "Djikalau ada kasih sajang tuanku kepada patik,
orang jang hina papa [2] tiada keruan, jang dikasih dan djadi tawanan
djarahan orang, patik [3] hendak pergi bersama-sama mengiringkan tuan,
dan djikalau hidup mati biarlah patik bersama-sama akan tuanku."
Maka sahut Radén Menteri, "Aduh tuan, djiwa pun kakang, kembalilah
kakang. Adapun kakang pergi ini tiada akan lama, tuan, sehingga
73 sehari / dua hari pun djuga kakang kembali mendapatkan tuan, dan
djikalau banjak perburuan [1] atau permainan, kelak pun kakang suruh
sambut tuan, sekali kita bermain-main didalam hutan," sambil dipeluk-
nja akan isterinja, seperti orang jang hendak menjudah-njudahkan kasih
rupanja. Maka segala inang pengasuhnja pun kasihan melihat laku
tuannja itu bersenda bergurau [2] dua laki-isteri terlalu amat berkasih-
kasihan, maka segala dajang-dajangnja sekaliannja pun belas hatinja

---

70 [1] pun.
71 [1] segerah; [2] sudanja; [3] berburuh; [4] bawah.
72 [1] berburuh; [2] papah; [3] (supplied).
73 [1] perburuhan; [2] berguruh;

turut menangis, maka dalam hatinja, "Isterinja matilah djuga kelak, djikalau ditinggalkan oléh Radén Menteri ini kepada rasa hatiku, karena ᶜalamat mimpinja[3] semalam tiada baik rasanja." Setelah demikian,

74 maka Radén Menteri pun mendukung isterinja pergi / kepada tempat permandian. Setelah sudah ia mandi, maka lalu naik bersalin kain, maka Radén Menteri pun berangkat pulang berdjalan keistana. Setelah sampai maka ia pun duduk meriba isterinja, maka hidangan pun diangkat oranglah kehadapan tuannja Radén Menteri, seraja katanja, "Ajo tuan, marilah kita santap bersama-sama pun kakang." Maka kata isterinja, "Tuanku santaplah djuga dahulu, karena hati patik lagi tiada sedap rasanja." Maka Radén Menteri pun berkata, "Djikalau tuan tiada mau makan, béta pun tiada mau makan." Maka Radén Menteri pun berfikir seketika, lalu dibasuhnja[1] tangan isterinja, lalu dibawanja makan bersama-sama dengan suaminja,[2] maka ia pun makanlah berdua.

75 Setelah berapa suap, / lalu sudah, maka Radén Menteri pun turut sudah, seraja makan sirih dan memakai bau-bauan. Sjahadan sepahnja diberikan kepada isterinja lalu bertemu mulut, demikianlah ia berkasih-kasihan keduanja laki-isteri. Maka segala hamba sahajanja itu pun terlalu kasih sajangnja akan tuannja, pada rasanja ia hendak turut mati bersama-sama dengan tuannja, demikianlah dalam hatinja siang dan malam. Demikianlah hamba jang dikasih oléh tuannja berkata-kata dengan benarnja, adapun zaman sekarang ini ketjuali[1] sepuluh ketjuali[1] hamba orang sekarang, djikalau tuannja berkata jang benar ditampanja salah, rasanja hendak dibunuhnja dalam hatinja.

Sebermula maka tersebutlah perkataan Radén Menteri. Setelah hari

76 siang maka ia bersenda-gurau;[2] setelah malam maka / ia pun mendukung isterinja masuk keperaduan, lalu beradu dua laki-isteri. Maka tiadalah ᶜarif sebutkan halnja orang dalam peraduan itu, maka kembalilah kepada tjeritera jang dahulu itu. Setelah pagi-pagi hari, maka Radén Menteri pun bangunlah dua laki-isteri, lalu basuh muka. Setelah sudah maka ia pun duduk meriba[1] isterinja, seraja katanja, "Tinggallah tuan baik-baik, urip waras, dipeliharakan oléh segala déwa-déwa. Adapun kakang pamit hendak pergi berburu,[2] tuan, tetapi kakang pergi ini tiada 'kan lama, tuan. Djikalau kakang beroléh perburuan barang dua ékor djuga, kakang kembali datang mengadap tuan." Maka Radén Menteri pun makan sirih, sepahnja diberikannja kepada isterinja seraja

73   [3] mimpiku.
74   [1] dibasunja;   [2] isterinja.
75   [1] kedjuali;   [2] bersendah-guruh.
76   [1] mariba;   [2] berburuh.

disambutnjalah oléh isterinja seraja katanja, "Tuan ini adalah seperti
77 orang / jang hendak menjudahkan kasih rupanja akan patik ini, maka
demikianlah rupanja kelakuan tuan ini kepada patik." Maka sahut
Radén Menteri itu, "Aduh tuan, djanganlah tuan berkata jang demikian
itu. Adapun jang didalam hati pun kakang ini, tuan adalah upama
kulit dengan tulang. Apabila tiada kulit itu akan membungkus tulang,
nistjaja bertjerailah tulang itu dengan kulitnja. Adapun akan kakang
ini dengan tuan seperti itulah jang kakang katakan." Setelah isterinja
mendengar [1] kata Radén Menteri itu, maka ia pun menangis terkenang-
kan budi pekertinja terlalu baik. Setelah dilihat oléh Radén Menteri
akan isterinja menangis itu, maka segera [2] disambut lalu dipeluknja dan
78 ditjiumnja seraja katanja, "Diamlah tuan, / djangan menangis. Sajang
mata tuan jang manis mendjadi balut, dan suara [1] tuan jang merdu
mendjadi parau," dan beberapa kata jang manis-manis melembutkan
hati. Maka isterinja pun tiada djuga ia mau diam, mangkin sangat pula
ia menangis mendengar kata Radén Menteri. Maka berkata isterinja
sambil berhamburan air-matanja, "Silakanlah tuanku, baik selamat
sempurna, urip waras, dan djanganlah tuanku kenangkan patik, orang
jang hina papa jang tiada beruntung mendjadi tawanan djarahan
orang, itulah badan jang tiada beruntung dan lagi tiadalah beribu dan
tiada berbapak.[2] Mudah-mudahan biar selamat tuanku berdjalan,
tetapi tinggallah patik dengan seorang-orang, jang menanggung duka
79 nestapa secumur hidup. Adapun pada perasaan patik ini, tuanku, /
adapun tuanku pergi berburu ini seperti orang jang hendak menjudah-
kan kasih rupanja." Maka Radén Menteri pun terlalu belas hatinja
sebab mendengar [1] kata isterinja, maka segera [2] dipeluknja dan ditjium-
nja isterinja, lalu ia berdjalan keluar melihat sekalian kedajannja itu.
Maka sekalian kedajan pun telah hadlir lagi menanti tuannja djuga.
Sjahadan Radén Menteri pun tiadalah memakai lagi, sehingga
bersadja-sadja djuga, itu pun mangkin bertambah-tambah baik rupanja
djuga. Maka ia pun berdjalan sambil ia menoléh-noléh kebelakang
melihat isterinja, maka ia pun djauh, maka isterinja pun kembali keru-
mahnja pula, maka terlalu pilu rasa hatinja memandang laku Radén
Menteri berdjalan. Hatta berapa djauh Radén Menteri berdjalan, maka
80 ia berbalik pula kerumahnja, maka terlalu pilu rasa / hatinja me-
mandang laku isterinja, putjat manis bagai tiada beroh lakunja. Maka

---

77   [1] mendangar;   [2] segerah.
78   [1] suarah;   [2] berbapa.
79   [1] mendangar;   [2] segerah.

Radén Menteri pun mangkin kusut rasanja seraja makan sirih, sepahnja diberikan kepada isterinja, diundjukkan bertemu mulut. Maka disambut oléh isterinja seraja menangis, suatu pun tiada apa katanja, maka Radén Menteri pun meriba isterinja sambil dibudjuknja djuga dengan kata jang manis-manis, seraja katanja, "Aduh gusti, ariningsun, utama djuita, ratna pekatja, djanganlah tuan menangis. Sajang kakang kepada tuan, dan ingatkan kata pun kakang tadi, dan tuan taruh [1] kata kakang dalam hati tuan, dan djangan tuan menangis. Sajangnja mata tuan jang manis mendjadi balut, dan rupa jang madjelis mendjadi putjat, dan

81 djanganlah / tuan oléng hati. Djikalau tuan pergi maréng kajangan pun kakang pergi bersama-sama djuga [1] kekajangan, dan tiadalah pun kakang mau memandang perempuan jang lain daripada tuan." Lalu disapunja air-matanja isterinja, seraja katanja, "Tuan, pun kakang pamit berdjalan," sambil berlinang-linang air-matanja. Adapun pengerasaan isterinja seperti katja djatuh [2] dibatu remuk-redam,[3] demikianlah pada hatinja. Maka Radén Menteri pun berdjalan sambil menangis, lakunja ia berdjalan seperti orang tiada beroh, maka segala dajang-dajang itu pun sekalian pada belas serta pilu rasanja melihat Radén Menteri [4] berdjalan itu, seperti tiada akan kembali rupanja.

Sebermula isterinja itu djangan dikata lagi. Maka Radén Menteri

82 pun berdjalanlah sambil / bertjutjuran air-matanja. Baharulah selangkah [1] dua langkah maka kembali memeluk mentjium isterinja seperti orang jang hendak bersudah-sudahan kasih djua rupanja, seraja katanja, "Tinggal tuan, pun kakang berdjalan supaja bangat pun kakang sampai kehutan," lalu ia berdjalan keluar. Setelah ia sampai kepada pintu taman itu, maka ia pun tersandung kakinja kepada akar pohon pandan, lalu ia djatuh seraja katanja, "Aduh ariningsun, ratna [2] pekatja, djangan sungguh seperti kata kakanda. Rupanja ini tiada bertemu dengan tuanku lagi," lalu ia naik keatas kudanja berpajung kertas wilis pinerada emas. Adapun segala menteri dan para puteri itu melihat Radén Menteri pergi itu seperti tiada kembali lagi, maka sekaliannja menangis ter-

83 kenangkan budi / pekertinja Radén Menteri, maka terlalu belas hati segala para puteri itu, maka terlalu pilu hati sekalian orang jang melihat Radén Menteri berdjalan itu antara ada dengan tiada. Maka Radén Menteri pun berdjalan lalu kepasar, maka segala orang berpasar pun ramailah datang melihat Radén Menteri berdjalan itu, seperti hendak ia

80   [1] taru[5].
81   [1] djuka;   [2] djatu;   [3] radam;   [4] (supplied).
82   [1] s.ngkah;   [2] ratnah.

mengikut pada rasanja. Setelah daripada Radén Menteri sampai kehu-
tan, maka ia pun [1] menjuruhkan segala kedajannja [2] melepaskan andjing
perburuan itu, maka andjing perburuan itu pun tiada mau berdjalan
kehadapan Radén Menteri. Maka kata Radén Menteri, "Ajo kakanda,
belum penah [3] kita berburu [4] jang demikian ini." Maka sembah Punta
Wiradjaja, "Sungguhlah seperti titah tuanku itu."

84　　Al-kisah maka tersebutlah perkataan Permaisuri menjuruh / memang-
gil Pelembaja, maka Pelembaja pun segera [1] datang dengan takutnja
dan gemetar segala tubuhnja, maka seraja mendak menjembah dengan
Permaisuri, maka titah Permaisuri, "Hai Pelembaja, pergilah engkau
bunuh si Tambuhan itu. Engkau perdajakan dia, engkau katakan Radén
Menteri suruh panggil kepadanja." Maka sembah Pelembaja, "Aduh
tuanku, takut patik tuanku membunuh Kén Tambuhan itu, kalau-kalau
tulah papa [2] patik tuanku, karena ia anak ratu agung lagipun sudah
djadi isteri paduka ananda itu, tulah papa patik kepada paduka ananda
itu." Maka titah Permaisuri dengan murkanja akan Pelembaja, "Engkau
lebihkan si Tambuhan itu, anak mati dibunuh dan mati ditjengtjang
dengan aku, karena ia berbuat demikian itu. Hai Pelembaja, segeralah [3]

85　engkau perbuat seperti titahku / ini, bunuh oléhmu si Tambuhan itu.
Djikalau engkau tiada mau kerdjakan jang seperti titahku ini, sekarang
engkau kusuruh penggal batang léhérmu." Setelah Pelembaja menengar
titah Permaisuri itu, maka Pelembaja pun takut, maka sembahnja
Pelembaja, "Ja tuanku,[1] manatah titah tuanku patik djundjung." Maka
Permaisuri pun terlalu sukalah hatinja menengar sembah Pelembaja itu,
maka titah Permaisuri, "Hai Pelembaja, sekarang ini djuga engkau
kerdjakan perintah béta," maka Pelembaja pun menjembah lalu ia
berdjalan. Setelah sampai maka Pelembaja pun terkedjut, lalu ia me-
njembah seraja berdebar-debar [2] hatinja tiada boléh berkata-kata, di-
sangkanja bidadari Sakurba turun kedunia. Maka Kén Tambuhan pun

86　menegur Pelembaja, / seraja katanja, "Hai Pelembaja, apakah ada
pekerdjaan paman datang kemari ini?" Maka Pelembaja pun terkedjut,
lalu ia menjembah, seraja katanja, "Patik disuruh oléh paduka kakanda
Radén Menteri menjambut tuan, karena kakanda terlalu banjak beroléh
perburuan. Maka patik disuruhnja datang akan menjambut tuanku,
karena kakanda hendak mengadjak tuan bermain-main djua kedalam
hutan, melihat segala perburuan [1] jang telah kakanda peroléh itu.

83　[1] ia pun ia pun; [2] kédajannja; [3] panah; [4] berburuh.
84　[1] segerah; [2] papah; [3] segerahlah.
85　[1] tu; [2] berdabar-dabar.
86　[1] perburuhan;

Kakanda tuan hendak memberikan tuanku melihat kidjang bertanduk emas, tuanku, dan banténg bertandukkan pérak, tuanku." Maka Kén Tambuhan pun tersenjum mendengar [2] kata Pelembaja, seraja katanja,

87 "Nantikanlah béta sementara lagi, karena béta hendak / pergi kepada kakang embok Antaresmi." Setelah itu maka Kén Tambuhan pun memakai bersadja-sadja djuga, lalu ia berdjalan kerumahnja Radén Antaresmi. Setelah ia sampai lalu ia menjembah kepada kakang emboknja, maka segeralah ditegurnja oléh kakang emboknja, seraja berkata, "Hendak kemanakah tuan ini?" Maka berkata Kén Tambuhan, "Sadja béta hendak bermohon kepada kakang embok, karena béta dipanggil oléh Radén Menteri." Maka Kén Antaresmi pun memeluk dan mentjium Kén Tambuhan, lalu bertangis-tangisan dua bersaudara seraja menangis, dan berkata Kén Antaresmi, "Aduh adikku, ariningsun, utama djiwa, pergilah tuan baik-baik. Sjahadan tahu-tahu tuan sauda-

88 raku ber- / -taruhkan diri tuan kepada suami tuan itu, dan tuan djangan melaluï barang suatu katanja, dan tahu-tahu tuan berhambakan diri, karena kita ini sudah mendjadi tawanan djarahan orang, dan djangan tuan samakan seperti negeri kita dan bumi istana kita sendiri. Djanganlah tuan samakan seperti ibu suri jang memeliharakan kita." Maka ia pun berpeluk dan bertjium dan bertangis-tangisan dua bersaudara.[1] Setelah sudah maka ia pun bermohonlah kepada kakang emboknja. Adapun kepada segala para puteri pun belas dan kasihan melihat Kén Tambuhan itu. Maka setelah sudah ia bertangis-tangisan kedua bersaudara,[1] lalu ia berdjalan diiringkan oléh Pelembaja dan Kén Bajan,

89 maka berkata Pelembaja, "Segeralah tuanku / berdjalan, karena hari sudah hampir tinggi." Maka Kén Tambuhan pun berdjalan dua berhamba serta diiringkan Pelembaja, lalu keluar menudju [1] djalan kehutan padjangan itu. Maka bunga-bungaan didalam hutan pun berkembanganlah, terlalu amat harum baunja, maka kumbang pun banjak menjering [2] bunga angsoka, terlalu amat merdu bunjinja, seperti orang menangiskan Kén Tambuhan. Lakunja berdjalan lemah lembut seperti pedapa laju, merawankan hati segala jang memandang dia.

Sjahadan djangankan masam mukanja, mangkin bertambah-tambah manisnja, dan segala orang pun belas memandang dia, sedang burung

90 dan kumbang-kumbang kembangan lagi belas dan kasihan melihat / dia. Maka ia pun sampailah kepadang dekat hutan padjangan itu, maka

---

86   [2] mendangar.
88   [1] bersaudarah.
89   [1] menudjuh; [2] menjaring.

Kén Tambuhan pun bertanja kepada Pelembaja, "Hai paman Pelembaja, dimanakah tempat Radén Menteri berburu [1] itu?" Maka sembah Pelembaja, "Djauh lagi tempatnja Radén Menteri itu," maka Kén Tambuhan pun berdjalan diiringkan oléh Pelembaja dan Kén Bajan. Adapun ia berdjalan itu, sesa^{c}at ia berdjalan sesa^{c}at ia berhenti, karena ia tiada biasa berdjalan djauh, dan kakinja pun tersandung-sandung. Maka Pelembaja pun terlalu kasihannja melihat lakunja Kén Tambuhan berdjalan itu, antara selangkah [2] dua langkah maka ia berhenti pula, seraja katanja, "Dimanakah tempatnja Radén Menteri itu, hai

91 Pelembaja?" Maka sahut Pelembaja, "Dekat sudah, tuanku, / tempat Radén Menteri." Maka Kén Tambuhan pun berdjalan lemah kemalai, seperti putjuk keanginan lakunja berdjalan itu, seperti orang jang tiada beroh rasanja, dan lakunja seperti tiada terdjalan rasanja, dan lakunja seperti orang jang tiada bersemangat. Maka sepandjang djalan itu teramat harum baunja segala bunga-bungaan [1] seperti orang persembahkan baunja akan Kén Tambuhan, maka kata Kén Tambuhan, "Aduh paman Pelembaja, berkata benarlah paman kepada béta, dan djikalau Permaisuri menjuruh paman membunuh béta, segeralah [2] paman kerdjakan disini. Tiadalah béta kuasa lagi berdjalan, karena tubuh béta sangat letih [3] rasanja, dan kaki béta pun penat,[4] rasanja tiada tergerak [5]

92 lagi, paman." Maka sembah Pelembaja, "Aduh tuanku, tiadakah / patik dimurkaï oléh paduka kakanda?" Maka kata Pelembaja, "Berdjalanlah tuanku lagi sedikit, sampai dialas padjangan, tempatnja perburuan paduka kakanda itu, tuanku." Maka Kén Tambuhan pun berdjalan pula perlahan-lahan, seperti tiada terdjalan [1] lakunja. Seketika lagi maka sampai kepada rimba jang besar, maka segala binatang jang didalam hutan itu pun berbunjilah bersahut-sahutan, seperti orang datang menegur Kén Tambuhan hendak mati itu. Dan segala kidjang pun berbunjilah bersahut-sahutan sepandjang djalan terlalu riuh-rendah [2] bunjinja, seperti orang meratapkan Kén Tambuhan, dan sekalian isi rimba [3] pun belas melihat Kén Tambuhan berdjalan itu. Maka kata Pelembaja, "Aduh tuan, kalau-kalau tiada terdjalan, sebaik-baik tuan

93 berhenti disini dahulu, / tuanku." Maka kata Kén Tambuhan, "Aduh paman Pelembaja, bunuhlah béta supaja segeralah béta mati, karena tiadalah kuasa lagi béta berdjalan." Maka berkata Pelembaja, "Aduh tuan, berdjalan tuan perlahan-lahan, karena tempatnja kakanda itu

---

90   [1] berburuh; [2] s.ngkah.
91   [1] bunga-bungahan; [2] segerahlah; [3] latih; [4] panat; [5] terkerak.
92   [1] terladjalan; [2] riuh-renda; [3] rimbah.

telah kelihatan, tuanku," maka Kén Tambuhan pun berdjalan diiring-
kan oléh Kén Bajan dan Pelembaja. Setelah sampai kealas padjangan,
maka Kén Tambuhan pun bertanja pula kepada Pelembaja, "Hai
paman Pelembaja, alas manakah ini?" Maka sahutnja, "Ja tuanku, 'alas
padjangan' namanja." Maka kata Kén Tambuhan, "Dimanakah tempat-
nja Radén Menteri berburu [1] itu?" Maka sahut Pelembaja, "Sudah
dekat, tuanku. Baiklah tuan segera berdjalan," maka Kén Tambuhan
berdjalan pula. Seketika lagi maka ia pun sampailah kepada pohon
94 kemuning / diapit dengan pandan wangi, bunganja pun sedang ter-
kembang terlalu amat harum baunja, seperti orang jang persembahkan
baunja kepada Kén Tambuhan. Maka kumbang pun menjering [1] bunga
kemuning, maka kata Kén Tambuhan, "Aduh paman, tiada kuasa béta
berdjalan lagi. Ja paman, berkatalah benar paman kepada béta; djika-
lau Permaisuri menjuruh bunuh béta, paman, bunuhlah béta disini
segera-segera,[2] sukanja béta dari dunia datang kesjurgaloka." Maka
Pelembaja pun menangis kasihan sebab mendengarkan [3] kata Kén Tam-
buhan, seraja katanja, "Aduh tuanku, apatah daja patik lagi, karena
batuk kepala patik dan njawa beserta badan patik menanggung dia,
karena patik ini hamba kepada Permaisuri, itulah sebab tiada boléh
95 patik melaluï barang titahnja. Adapun / patik ini disuruh oléh Permai-
suri membunuh tuanku." Setelah didengar [1] oléh Kén Tambuhan kata
Pelembaja itu, maka ia pun tersenjum, seraja katanja, "Ambillah ini
tjintjin béta sebentuk akan upah paman membunuh béta, supaja segera [2]
béta mati, maka pulanglah engkau kepada Permaisuri, supaja engkau
djangan kedapatan oléh Radén Menteri. Nistjaja matilah engkau di-
bunuhnja, paman. Maka sebagai lagi nantilah, paman, sementara béta
hendak berpesan [3] kepada Radén Menteri." Maka Kén Tambuhan pun
pergilah kepada pohon pandan wangi itu, seraja diambilnja sehelai
daun pandan itu, lalu disurat dengan tjanggainja, demikian bunjinja
dalam surat itu:
96 "Aduh Radén Menteri, / manatah djandjinja tuanku kepada patik?
Inilah rupanja penjuruh tuanku menjambut patik kepada Pelembaja.
Sampailah sudah kasih sajang [1] tuanku selamanja ini kepada patik,
orang jang hina papa, jang tiada keruan bangsa, anak kidjang dan
anak jang hina, dan jang mendjadi tawanan dan djarahan orang, jang
ini. Tinggallah tuan baik-baik, urip waras dengan tachta keradjaan

---

93 [1] berburuh.
94 [1] menjaring; [2] segerah-segerah; [3] mendangarkan.
95 [1] didangar; [2] segerah; [3] perpasan.
96 [1] sajang dan.

tuanku, dan pergilah tuanku baik-baik beristerikan anak ratu ibu suri,
tus ing kesuma kadang déwa. Patik ini biarlah mati didalam hina papa,
orang jang tiada keruan bangsa, tetapi djikalau tuanku sudah beristeri,
duduklah tuanku dinegeri Pura Negara dengan sekalian inang penga-
97   suhnja anak ratu di-Bandjar Kulon / menungguï bumi istana dan
peséban agung dua laki-isteri,[1] supaja sedap hati Permaisuri. Dan djika-
lau tuanku pulang dinegeri kajangan, tuanku, perhambakanlah patik,
biarlah, kalau-kalau didalam sjurga kajangan, biarlah patik mendjadi
hamba kebawah telampakan tuanku dua laki-isteri. Dan tiadalah patik
mau [2] bertuankan kepada jang lain lagi, dan djikalau tudjuh kali patik
mendjelma,[3] jang patik ini mendjadi hamba djuga kepada tuanku.
Adapun seperkara lagi pesan patik kepada tuanku, dan djikalau sudah
tuanku kembali, pertaruh patik kepada tuanku saudara patik Antaresmi.
Djikalau tiada dibunuh oléh Permaisuri, biarlah ia tinggal dibawah
98   lebu telampakan tuanku, dan / djanganlah tuanku bédakan dengan
hamba tuanku jang banjak-banjak, dan djikalau ada salah bebal dan
chilaf, djangan tuanku ambil kepada hati, melainkan tuan djuga jang
dapat mengampun akan dia. Dan djangan tuanku beri [1] sia-sia oléh
puteri di-Bandjar Kulon, karena saudara patik orang jang hina papa
tiada beribu dan tiada [2] berbapak [3] dan tiada bersaudara.[4]

"Sjahadan jang patik ini, sudahlah dengan untung patik jang demi-
kian, dan selaku-laku ini mati dalam alas padjangan ini, dimakan oléh
segala binatang dalam hutan alas. Tinggallah tuan baik-baik, urip
waras, moga-moga selamat sempurna diatas tachta keradjaan tuanku
99   dua laki-isteri dalam istana tuanku. Setelah sudahlah habis / suratan
ini, karena patik harapkan tuanku jang boléh tempat patik bergantung
serta bernaungkan diri jang sebatang karang lagi teramat hina dan
buruk rupa, dan lagi telah sampailah tuanku punja kasih sajang jang
seperti ini, dan biarlah béta tinggal terlantar dihutan rimba belantara,
dimakan oléh harimau dan babi. Aduh tuan, patik pamit," seraja ber-
kata kepada Pelembaja, "Hai paman Pelembaja, ambillah subangku
ini. Tiada akan apa upah paman membunuh béta segera-segera.[1]
Biarlah béta segera [1] mati. Hidupku ini tiada berguna menanggung
malu se͟cumur hidup ini." Maka Pelembaja pun menjembah seraja
menjambut subang itu serta dengan tangisnja. Maka Kén Tambuhan
100 pun bersandar kepada pohon kemuning, / serta diambil puntjak sabuk-

---

97   [1] laki-isteri dan;   [2] mau [5];   [3] mendjelmah.
98   [1] bari;   [2] tia;   [3] berbapa;   [4] bersaudarah.
99   [1] segerah.

nja sepotong diselimutkannja kepada tubuhnja, maka rupanja pun seperti Indera akan terbang kekajangan. Maka bunga kemuning pun semerbak baunja, seperti orang persembahkan baunja akan menaburi lelajon Kén Tambuhan, dan kumbang pun banjak beterbangan kesana-sini menjering bunga kemuning itu, suaranja berdengung-dengung,[1] bunjinja seperti orang sediakan Kén Tambuhan itu. Maka tédja dan pelangi pun membangun [2] dari langit, seperti orang belas rupanja, dan guruh pun berbunjilah pada kaki gunung itu, dan angin bertiup-tiup basa antara ada dengan tiada, seperti orang kasihan melihat lakunja

101   Kén Tambuhan itu hendak mati. Maka hudjan pun / rintik-rintik basa, seperti air-mata orang menangis akan Kén Tambuhan itu. Maka kata Kén Tambuhan, "Aduh paman Pelembaja, bunuhlah béta segera-segera.[1] Djikalau datang Radén Menteri matilah kelak engkau di-bunuh." Maka Pelembaja pun mengunus kerisnja jang bernama si Kala-ganti, seraja menjembah katanja, "Pasang tabé pun paman kebawah lebu telampakan tuanku," maka ditikamnja pesalangannja Kén Tam-buhan itu, maka darahnja pun menjembur-njembur kedadanja,[2] habis mérah segala pakaiannja seperti ditjelup pati kesumba. Adapun darah-nja jang dimuka seperti orang berpepilis atal, dan bibirnja pun seperti orang tersenjum, maka giginja seperti suasa jang sudah tersepuh.[3] Setelah Kén Bajan melihat tuannja sudah mati, maka kata Kén Bajan,

102   "Hai abang Pelembaja, marilah keris- / -mu itu! Aku hendak béla dengan tuanku." Maka tiadalah diberinja oléh Pelembaja, karena ia hendak bangat pulang, dan lagi ia takut kedapatan oléh Radén Menteri, dan lagi ia takut kepada Kén Bajan mengamuk itu. Maka ia pun berdjalanlah segera-segera,[1] maka diburu [2] oléh Kén Bajan seraja dirampasnja keris itu daripada tangan Pelembaja. Setelah dapat keris itu, maka ia pun pergi kepada lelajon tuannja seraja menangis, katanja, "Aduh tuanku, djanganlah tuan segera dahulu berdjalan. Nantilah patik, tuanku, supaja ᶜabdi iringkan tuanku kedalam kajangan!" Lalu ditikam-nja dadanja [3] terus [4] kebelakangnja, maka ia pun djatuh [5] tersungkur dikaki tuannja, maka terhantarlah dua berhamba, itulah tandanja orang

103   setiawan dengan tuannja. / Setelah Kén Bajan itu telah mati, maka Pelembaja pun segera mengambil kerisnja kepada tangan Kén Bajan, lalu ia berdjalan segera-segera,[1] maka kerisnja pun berlumuran darah. Setelah sampai kedalam istana, maka didapatinja Permaisuri, ada lagi

---

100   [1] berdangung-dangung; [2] membangunkan.
101   [1] segerah-segerah; [2] kedadahnja; [3] tersepu.
102   [1] segerah-segerah; [2] diburuh; [3] dadahnja; [4] tarus; [5] djatu.
103   [1] segerah-segerah;

duduk dibalai tengah,[2] maka Pelembaja pun datang lalu mendak me-
njembah Permaisuri, katanja, "Sudahlah,[3] tuanku, patik bunuh si Tam-
buhan itu," serta ditundjukkannja kerisnja berlumuran darah itu kepada
Permaisuri, maka Permaisuri[4] pun terlalu amat suka-tjita,[5] seraja
tertawa-tawa seperti orang jang bengkak peparunja mendengarkan[6]
tjeriteranja Pelembaja itu, didalam hati, "Maulah anakku sekarang
beristeri ke-Bandjar Kulon, karena si Tambuhan sudah mati." Maka
104 Permaisuri pun menjuruh mengambil pitis sepeku dan / kain geringsing
sehelai, maka diberikannja kepada Pelembaja, maka Pelembaja pun
mendak menjembah, seraja bermohon pulang kerumahnja dengan suka-
tjitanja.

    Al-kisah maka tersebutlah perkataan Batara Kala sedang mengédari
djagat-buana,[1] maka dilihatnja Kén Tambuhan itu mati dua berhamba
dibawah pohon kemuning itu, seraja katanja, "Aduh tuan, aniajanja[2]
ratu Pura Negara ini membunuh tjutjuku ini tanpa dosa," seraja Batara
Kala pun berkata, "Wastu, moga-moga engkau kelak mendjelma kepada
bunga tundjung biru itu, karena engkau belum sampai bilangannja
kamu, dan sedia engkau punja tunangan tatkala dalam kajangan itu."
Setelah sudah Batara Kala berkata-kata demikian itu, maka ia pun
105 ghaib, maka dalang terhentikan tjeritera / matinja Kén Tambuhan ini.

    Al-kisah maka tersebutlah perkataan Raдén Menteri berburu itu.
Djangankan beroléh perburuan, seékor belalang pun tiada melintas,
maka kata Raдén Menteri pada Punta Wiradjaja, "Hai kakang Punta
Wiradjaja, baharu-baharuan pula kita berburu jang demikian ini, dja-
ngankan beroléh perburuan,[1] seékor belalang pun tiada kelihatan.
Baiklah kita segera kembali, karena kita sangat lamanja, karena kita
diharap oléh Permaisuri kepada kita," maka Raдén Menteri pun ber-
djalan kembali. Tiada berapa lamanja berdjalan itu, maka bertemu
gagak pun berbunji kepada pohon beraksa itu bersahut-sahutan, seperti
106 orang jang memberi-tahu akan Kén Tambuhan telah mangkat / itu,
maka hatinja Raдén Menteri pun berdebar-debar[1] tiada sedap[2]
rasanja, seperti diberi orang tahu rasanja, maka kakinja pun tersandung-
sandung kepada akar kaju pandan wangi itu. Maka dilihatnja oléh
Raдén Menteri akan daun pandan itu tersurat, maka diambilnja lalu
dibatjanja. Setelah sudah dibatja itu, maka ia pun pingsanlah tiada

103   [2] tenga;   [3] sudalah;   [4] maka permaisuri supplied;   [5] suka-tjinta;
      [6] mendangarkan.
104   [1] djagat-buanah;   [2] anjanja.
105   [1] perbun.
106   [1] berdabar-dabar;   [2] sadap;

chabarkan dirinja, maka segera [3] disambut oléh Punta Wiradjaja lalu dibawanja berduduk dibawah pohon pandan wangi itu. Maka Radén Menteri pun adalah ia ingat sedikit daripada pingsannja itu, maka katanja, "Hai Punta Wiradjaja, pulang engkau, bawalah sekalian ra[c]jat kita, karena aku tiada mau [4] pulang lagi, karena bundaku sangatlah kasihnja kepada aku dan sajangnja kepada aku, inilah rupanja. Maka
107 disampaikan oléh / Déwata Mulia Raja maksudnja berkehendak akan anak ratu di-Bandjar Kulon itu, karena puaslah rasa hatinja bundaku sekarang ini, karena aku hendak béla mati djua rasanja dengan emas djuitaku. Aduh ariningsun, utama djiwa pun kakang, dimanatah gera-ngan tempatnja djantung hatiku itu? Hai Punta, bawalah béta. Biarlah béta bertanja kepada kekasihku apakah mulanja dan apakah karenanja maka djundjunganku mendjadi demikian ini, dan djikalau sudah béta bertanja kepada emas mérahku itu, biarlah béta mati. Sukalah béta mati bersama-sama dengan emas tempawanku itu, supaja puas rasa hatinja bapak adji dan ibu suri." Setelah sudah Radén Menteri berkata demikian itu kepada Punta Wiradjaja, maka andjing perburuan pun
108 menjalak-njalak dibawah pohon kemuning, / maka kata Punta Wira-djaja, "Apa djuga jang disalak-salaknja oléh andjing dibawah pohon itu, tuanku?" Maka kata Radén Menteri, "Hai Punta Wiradjaja, pergi-lah engkau segeralah lihat andjing itu, apalah jang disalak-salaknja." Maka Punta Wiradjaja pun pergilah kepada pohon kemuning itu, maka ia pun melihat ada dua orang mati dibawah pohon kemuning itu ter-guling-guling. Maka ia pun segeralah kembali kepada Radén Menteri, maka sembah Punta Wiradjaja, "Ja tuanku, ada dua orang, tuanku, mati dibawah pohon kemuning itu." Setelah Radén Menteri mendengar [1] kata Punta Wiradjaja, maka ia pun lalu segera berdjalan kepada pohon kemuning itu, maka dilihat oléh Radén Menteri akan lelajon Kén Tam-
109 buhan itu, maka ia pun terkedjut seraja tertjengang [2] tiada / boléh berkata, seperti orang jang bermimpi rasanja. Seketika lagi maka ia pun mendjadi menjebut-njebut [1] Kén Tambuhan serta mendjatuhkan dirinja seraja memeluk mentjium isterinja. Adapun Kén Tambuhan mati itu seperti orang jang tidur naga kapulir, dan mukanja pun seperti orang tersenjum melihat kekasihnja datang rupanja itu. Maka Radén Menteri pun menangis, seraja katanja, "Aduh tuan jang seperti déwi Sakurba, aduh tuan njawa pun kakang, sampainja hati tuan tinggalkan

---

106 [3] segerah; [4] mau [5].
108 [1] mendangar; [2] tertjangang.
109 [1] menjabut-njabut.

pun kakang? Apakah jang tuan gusarkan ini? Berkata benar, tuan,
supaja sedap hati pun kakang. Aduh tuan jang seperti bajang-bajang
sjurga kajangan, apakah dosa pun kakang maka tiada tuan mau men-
110   dengar kata / pun kakang ini? Malah parau suara pun kakang dan
bengkak mata pun kakang tiada djuga tuan mau menegur [1] pun kakang
ini. Aduh tuan, sahuti apalah pun kakang [2] barang sepatah [3] dengan
suara tuan jang merdu itu. Adapun kakang ini seperti orang édan."
Maka Radén Menteri pun baharulah tahu akan Kén Tambuhan itu
mati, maka lalu dihunusnja kerisnja lalu ia suduk selira, maka Radén
Menteri pun matilah bertindih bangkai dengan Kén Tambuhan. Setelah
itu maka tersebutlah perkataan Punta Wiradjaja. Setelah ia melihat
tuannja sudah mati, maka ia pun menangis dikaki tuannja terguling-
guling, seraja katanja, "Aduh pangéran ningsun, djanganlah tuan ting-
111   galkan patik," lalu diunus kerisnja, segeralah ia suduk selira, maka / ia
pun matilah dikaki tuannja, maka mendjadi empat oranglah terlintang-
lintang seperti pohon kaju jang rubuh. Demikianlah rupanja orang
jang teguh setianja dengan kekasihnja, dari hidup sampai matinja ber-
sama-sama djuga.

Al-kisah maka tersebutlah[1] perkataan segala radja dan ra^cjat jang
tinggal itu. Setelah ia melihat Radén Menteri telah mati bersama-sama
dengan Punta Wiradjaja itu, maka ia pun segera kembali mendapat
Sang Nata dan Permaisuri [2] lagi duduk diwidjil pisan, lagi berbintjang
dan berbitjara hendak menjuruhkan orang pergilah melihat paduka
anakanda, karena sudah lama ia pergi, maka belum djuga ia datang.
Sudah Sang Nata berkata-kata dengan Permaisuri, maka ra^cjat jang
112   pergi itu pun datang lalu meniarap dikaki Sang Nata / seraja berkata
Sang Nata, "Hai tuan-tuan sekalian, ada dimana anakku itu?" Maka
sembah orang itu, "Ampun tuanku diperbanjak-banjak kebawah lebu
telampakan seri paduka sengulun, adapun paduka anakanda itu telah
mangkat, tuanku, bersama-sama dengan Kén Tambuhan dialas padja-
ngan itu. Sjahadan Punta Wiradjaja pun turutlah béla bersama-sama
itu." Setelah Sang Nata dan Permaisuri mendengar [1] kata orang itu,
maka Sang Nata pun terdjun dari atas balai widjil pisan lalu berdjalan
ketempat [2] lelajon Radén Menteri, sambil berlari-lari dengan tangisnja
pergi mendapatkan [3] anakanda. Adapun Permaisuri itu, setelah ia meli-
hat Sang Nata terdjun itu, maka ia pun terdjun pula dari belakang

---

110   [1] menagur; [2] pun apalah kakang; [3] sepata.
111   [1] (supplied); [2] permaisuri pun kakang.
112   [1] mendangar; [2] tempat; [3] mendapankan.

113 berlari-lari mengikut / Sang Nata, seraja katanja, "Aduh anakku,
nantilah dahulu ibu dipintu kajangan, supaja kita bersama-sama masuk
kedalam sjurga kajangan." Sebermula Patih dan Temenggung, setelah
ia melihat Sang Nata dan Permaisuri sendirinja berangkat mendapat-
kan paduka anakanda, maka ia pun mengimpunkan raᶜjat dan gadjah
kenaikan baginda dan pedati ¹ kenaikan Permaisuri, maka sekaliannja
pun berdjalanlah dari belakang itu seperti angkatan perang.

Al-kisah maka tersebutlah perkataan Radén Antaresmi ditaman
Penglipur Lara itu. Setelah ia mendengar saudaranja mati disuruh
bunuh oléh Permaisuri, maka ia pun menggulingkan dirinja, seraja
katanja, "Aduh tuan, sampai hati tuan tinggalkan pun kakang ini? Aduh

114 gusti, nantilah dipintu kajangan / supaja kita bersama-sama masuk
kedalam sjurgaloka." Setelah sudah ia menangis, maka lalu ia mengam-
bil pisau diatas tenunan, lalu ia melompat ketanah, maka ia pergi
kepada pohon angsoka jang ditepi taman Penglipur Lara, maka ia pun
bersandar kepada pohon itu, lalu ditikamnja dirinja, lalu mati. Setelah
ia mati maka hudjan pun ribut, topan, guruh, kilat pun gemerlapan
sabung-menjabung diutara,¹ kelam kelabut tiada berketahuan lagi. Seke-
tika lagi hudjan pun berhentilah, maka Batara Kala pun melihat
kedunia, maka dilihatnja Radén Antaresmi telah mangkat suduk selira,
maka kata Batara Kala, "Aduh tjutjuku Antaresmi, kasihan pula aku
lihat engkau béla dengan saudaramu." Maka diwastuni oléh Batara

115 Kala seraja katanja, / "Wastu, moga-moga engkau kelak mendjelma
kepada bunga tundjung putih dalam taman ini." Setelah sudah diwas-
tukannja Batara Kala itu, maka ia pun ghaib.

Al-kisah maka tersebutlah perkataan Sang Nata dan Permaisuri.
Setelah ia sampai kepada lelajon anakanda, lalu ia meniarap seraja
dipeluknja dan ditjiumnja ¹ serta menangis, katanja, "Aduh anakku
tuan, buah ² hati seri istana, mengapa tuan membunuh diri? Tiada
anakku mau berkata benar kepada ajahanda. Dan djikalau tuan ber-
kata benar kepada ajahanda, tiadalah mendjadi selaku ini! Aduh tuan,
apalah halnja ajahanda tuan tinggalkan ini orang tua.³ Kepada niat
ajahanda tuan akan djadi ganti memerintahkan negeri ini, maka seka-
rang tuan tinggalkan ajahanda, siapakah lagi jang ajahanda ⁴ harap

116 akan, / tuan?" Maka baginda pun pingsan kemati-matian itu. Maka
Permaisuri pun meratap teramat banjak kata-kata jang tiada patut,

---

113 ¹ padati.
114 ¹ diutarah.
115 ¹ tjiumnja; ² bua; ³ tuah; ⁴ here spelt without -h.

dan lagi ia berkata, "Mengapa tuan béla dengan orang jang hina bang-
sanja? Bukankah tuan telah bertunangan dengan anak ratu di-Bandjar
Kulon, sama-sama anak ratu ibu suri tus ing kesuma kadang déwa?
Mengapa tuan anakku sekadar [1] ibu ini seperti orang gila-gilaan,[2] maka
tiada tuan menjahut? Marilah kita pulang kebumi istana kita," lalu
pingsan. Setelah ia ingat maka meratap pula, maka kata Sang Nata,
"Hai Permaisuri, apakah jang engkau tangiskan? Sampailah kehendak
hatimu, hai perempuan tjelaka. Inilah rupanja perempuan jang diku-
117 tuki oléh segala déwa-déwa." Setelah Permaisuri / mendengar [1] kata
Sang Nata, maka ia pun mangkin sangat menangis [2] mendjerit-djerit,[3]
lalu terbérak-bérak dan ia menggulingkan dirinja, maka sekalian tubuh-
nja pun berlumuran dengan tahinja sendiri. Sjahadan maka berganti-
ganti pingsan. Setelah Sang Nata ingat, maka baginda pun menjuruh
memanggil Temenggung, maka Temenggung pun datang lalu menjem-
bah Sang Nata, maka titah baginda, "Hai Temenggung, hiasi gadjah
kenaikanku dan kuda pedati sekalian." Maka dihiasi dengan perhiasan
jang indah-indah, maka terkembanglah pajung bawat keradjaan dan
pajung ubur-ubur kuning berapit kiri kanan, maka Temenggung sendiri
memegang kosa gadjah. Setelah sudah dihiasi gadjah itu maka disuruh
118 oléh Sang Nata, lalu diangkat lelajon paduka / anakanda bersama-
sama dengan lelajon Kén Tambuhan. Maka kata Permaisuri, "Djangan
taruh [1] bersama-sama dengan anakku itu, aku tiada suka sekali-kali."
Maka kata Sang Nata kepada Permaisuri, "Hai suri, apakah bédanja
anakmu dengan Kén Tambuhan itu?" Maka disuruhnja djuga oléh Sang
Nata naik akan keatas gadjah itu bersama-sama dengan Kén Tambuhan,
maka kata Permaisuri pun tiada dipedulinja, maka disuruhnja djuga
naikkan lelajon Radén Menteri dengan lelajon Kén Tambuhan. Maka
sekalian orang itu pun lalu berdjalan, maka Sang Nata dan Permaisuri
pun mengiringkan [2] lelajon anakanda baginda. Kemudian daripada itu
maka segala isinja negeri pun mengiringkan terlalu banjak bertindih
119 tintin, maka ditaburkan / oranglah pitis dan daun bunga rampai, maka
disiramkan oranglah air mawar sepandjang djalan. Maka diarak orang-
lah lelajon Radén Menteri dengan Kén Tambuhan berkuliling negeri
lalu masuk kedalam keraton, maka Sang Nata pun menjuruh mengambil
kaju tjendana [1] masak dan menitah [2] kaju gaharu, maka lalu diangkat
oranglah maka lalu dibakarnja oléh orang lelajon Radén Menteri dan

---

116 [1] MS. unclear; [2] gila-gilahan.
117 [1] mendangar; [2] ia menangis; [3] mendjarit-djarit.
118 [1] taru; [2] diiringkan.
119 [1] djendana; [2] m.natah;

Kén Tambuhan bersama-sama. Setelah sudah hangus maka disuruhnja Sang Nata ambil habunja, maka ditaruhnja [3] kepada tjandi emas, maka diarak oranglah masuk kedalam negeri. Maka disuruh oléh Sang Nata perbuatkan tempat akan menaruh [4] tjandi emas itu didalam taman
120 permandian itu, maka dibawa / oranglah kepada tempat itu. Setelah sudah maka sekalian orang pun pulang kerumahnja dengan [1] masjghulnja. Sjahadan maka Sang Nata dan Permaisuri itu selama anakanda sudah [2] mati itu maka Sang Nata pun tudjuh hari sekali ia keluar pergi ketaman permandian itu melihat tjandi anakanda. Sjahadan selama anakanda telah mangkat maka Permaisuri pun tiada lagi dipedulinja [3] oléh Sang Nata. Adapun Sang Nata itu ia duduk pada rumah Paduka Mahadéwi djuga, maka Permaisuri itu selama tiada ia dipeduli [4] oléh Sang Nata, maka ia pun tinggal kepada tempat tjandi anaknja senentiasa dengan masjghulnja.

Al-kisah maka tersebutlah perkataan Batara Kala sedang mengédari
121 / dunia, maka dilihatnja oléh Batara Kala orang dalam negeri Pura Negara itu sunji-senjap tiada apa jang kedengaran [1] lagi, maka kata Batara Kala, "Apakah jang disusahkan oléh ratu Pura Negara ini?" Maka dilihatnja kepada taman itu Permaisuri ada menunggu tjandi anakanda, maka kata Batara Kala, "Hai ratu Pura Negara, rasaïlah oléhmu sekarang engkau djua empunja perbuatan dengan anakmu, maka engkau dapat demikian ini." Maka Batara Kala pun kasihan melihat ratu Pura Negara, maka diwastunja tjandi Radén Menteri dengan Kén Tambuhan seraja kata, "Hai tjutjuku orang bagus anom, patutlah engkau beristerikan Kén Tambuhan sama orang agung bapak
122 ratu ibu suri." Setelah sudah diwastunja / maka Batara Kala pun ghaiblah.

Sebermula maka tersebutlah perkataan Permaisuri menunggu tjandi ananda itu. Setelah ia bangun maka dilihatnja tjandi ananda mendjadi bunga tundjung, maka bunga itu biru dua kuntum, maka sekuntum itu mekar dan jang sekuntum kuntjup. Adapun jang mekar itu Kén Tambuhan, dan jang kuntjup itu Radén Menteri, ia tumbuh [1] kepada taman permandian itu. Setelah dilihat oléh Permaisuri, maka ia pun menjuruh memberi-tahu kepada Sang Nata, maka warga dalam pun menjembah lalu berdjalan. Setelah sampai maka mendak menjembah Sang Nata serta berkata, "Ampun tuanku kebawah telampakan paduka

119 [3] ditaru⁵nja; [4] menaru⁵.
120 [1] dan; [2] suda; [3] dipadulinja; [4] dipaduli.
121 [1] kedangaran.
122 [1] tumbu.

sengulun, adapun tjandi itu mendjadi bunga tundjung dua kuntum,
123 / sekuntum mekar dan sekuntum kuntjup." Setelah Sang Nata mende-
ngar [1] kata warga dalam itu, lalu ia pergi ketaman permandian serta
Sang Nata melihat bunga tundjung biru itu, lalu dipeluknja seraja
katanja, "Mengapa tuan anakku mendjadi demikian ini?" Maka Sang
Nata pun tiada mau pulang lagi, maka ia menjuruh orang berbuat
tempat bertunggu permandian. Adapun Sang Nata dan Permaisuri
tiap-tiap pagi dan soré ia pergi melihat bunga itu, maka tiada berapa
lamanja maka sampailah bilangannja Radén Menteri dan Kén Tam-
buhan dikembalikan oléh Déwata Mulia Raja. Maka pada suatu hari
Sang Nata tidur, maka ia pun masuk bermimpi adalah ia melihat
124 seorang orang tua datang. Adapun orang tua [2] itulah / Batara Kala
merupakan [1] dirinja orang tua, katanja, "Hai ratu Pura Negara, dja-
nganlah engkau menaruh [2] duka nestapa, sedanglah sudah engkau
merasaï duka, sudah sampai bilangannja itu. Pergilah engkau ambil
bunga tundjung itu jang dua kuntum itu; jang mekar engkau ambil,
jang kuntjup engkau berikan kepada Permaisuri, suruh asapkan dengan
setanggi. Sjahadan kepada Permaisuri pun suruh kerdjakan demikian
djuga dalam mimpinja." Maka ia pun terkedjutlah, segera ia bangun,
maka Sang Nata pun menjuruh panggil Permaisuri. Maka Permaisuri
pun datang, lalu duduk dekat Sang Nata, maka Sang Nata berkata
kepada Permaisuri, "Hai adinda, adapun maka kakanda suruh memang-
125 gil adinda, karena kakanda bermimpi semalam tadi / ini." Maka ditjeri-
terakan oléh Sang Nata jang seperti mimpinja itu. Setelah Permaisuri
mendengar kata Sang Nata demikian itu, lalu diambilnja bunga jang
kuntjup, lalu diberikan kepada [1] Permaisuri, maka diambil lalu diukup-
nja dengan setanggi, maka bunga itu pun hantjur mendjadi asap. Setelah
ghaib asap itu, maka kelihatan Radén Menteri itu, maka segera [2] dipeluk-
nja dan ditjiumnja Permaisuri, seraja katanja, "Aduh anakku, darimana
tuan datang samanja ini?" Maka sahut Radén Menteri, "Aduh ibuku,
njedarnja patik tidur tadi ini, mengapa maka bunda bangunkan patik
ini?" seraja katanja, "Ajo ibuku, emas mérahku itu ada dimana?"
Maka kata Permaisuri, "Tiada ibu tahu perginja, tanja kepada aja-
126 handa tuan, / kalau-kalau ajahanda tahu."
    Sebermula maka tersebutlah perkataan Sang Nata. Setelah ia sampai
maka bunga itu diperbuat seperti jang demikian itu, lalu keluar Kén

---

123 [1] mendangar;   [2] tuah.
124 [1] marupakan;   [2] menaru.
125 [1] (supplied);   [2] segerah.

Tambuhan, serta Sang Nata melihat Kén Tambuhan itu, disangkanja
bidadari Sakurba turun kedunia, maka Sang Nata pun tertjengang-
tjengang tiada boléh berkata-kata. Setelah Kén Tambuhan melihat Sang
Nata, maka ia pun mendak menjembah kepada Sang Nata, maka kata
Sang Nata, "Mengapakah tuan orang keinderaan menjembah orang
dunia, takut tulah," maka Kén Tambuhan pun berkata, "Adapun patik
ini hamba kebawah lebu telampakan tuanku." Maka kata Sang Nata,
127 "Siapa tuan ini?" Maka berkata Kén Tambuhan, "Adapun / patik
inilah orang hina papa,[1] tiada keruan bangsa patik." Setelah Sang
Nata mendengar [2] kata Kén Tambuhan, maka kata Sang Nata, "Aduh
tuan anakku Kén Tambuhan, sebab anakkulah maka ajahanda mendjadi
demikian ini." Maka kata Sang Nata, "Aduh anakku, dimanakah ka-
kanda itu tuan tinggalkan?" Maka sembah Kén Tambuhan, "Aduh
tuanku, tiadalah patik tahu, karena patik baharulah bangun tidur,
tuanku." Setelah itu maka Sang Nata pun menjuruh menjambut Paduka
Mahadéwi itu, maka Paduka Mahadéwi pun datang, lalu duduk dekat
Sang Nata, maka titah Sang Nata, "Bawalah [3] anakku ini adinda pulang.
Kakanda peliharakan baik-baik, karena engkau pun tiada punja anak
128 aku. Inilah akan djadi / anakmu." Setelah Paduka Mahadéwi [1] mende-
ngar kata Sang Nata serta melihat kepada Kén Tambuhan itu, maka
ia pun tertjengang-tjengang, disangkakan [2] bidadari Sakurba turun
dari kajangan-sjurgaloka, maka kata Paduka Mahadéwi,[1] "Siapakah
tuan ini? Patik belum tahu." Maka sahut Sang Nata, "Inilah Kén
Tambuhan," maka ditjeriterakan tatkala ia bermimpi daripada permu-
laan datang kepada kesudahan. Maka Paduka Mahadéwi [1] pun baha-
rulah tahu Kén Tambuhan itu, maka dibawanja pulang kerumahnja,
maka dipeliharakannja baik-baik, tiada lagi diberinja orang lihat.

Al-kisah maka tersebutlah perkataan Permaisuri. Setelah dilihatnja
anakanda baginda itu, maka ia pun menjuruh panggil Sang Nata, maka
129 Sang Nata pun pergilah. Setelah sampai maka baginda duduk / dekat
Permaisuri seraja katanja, "Mengapa engkau suruh panggil béta?"
Maka sahut Permaisuri, "Djikalau tiada kerdja tiada kakanda adji mau
kemari memandang béta." Maka Sang Nata pun tersenjum mendengar [1]
kata Permaisuri, maka ditjeterakan oléh Permaisuri akan hal anakanda
itu, maka Sang Nata pun berkata, "Manatah anakku itu?" Maka di-
suruh panggil oléh Permaisuri, maka Radén Menteri pun datang itu,

---

127 [1] papah; [2] mendangar; [3] bawahlah.
128 [1] mahadé; [2] disangkahkan.
129 [1] mendangar;

baharulah kelihatan. Setelah dilihat oléh Sang Nata lalu dipeluknja dan ditjiuminja [2] dan ditiarapinja [3] ditangisnja seraja berkata, "Dari-manakah tuan ini, baharu anakku datang ini, aduh tuan?" Maka sembah Radén Menteri, "Jang kasih tuan itu telah terdjundjunglah

130 diatas batuk kepala patik." Adapun / Sang Nata berkata kepada Permai-suri, "Ajo adinda tuan, marilah kita pulang kedalam istana kita. Apakah kerdja kita disini? Adapun sebabnja kita disini karena anakanda djua, dan sekarang anak kita sudah [1] dipertemukan oléh Déwata Mulia Raja." Maka Sang Nata dan Permaisuri pun berangkat pulang kedalam istana membawa paduka anakanda. Setelah sampai kedalam, maka ia pun mendak menjembah Sang Nata seraja katanja, "Ampun tuanku keba-wah lebu telampakan paduka Batara, adapun segala para menteri dan penggawa [2] sekalian sudahlah berhimpun dipeséban agung." Maka titah paduka Batara kepada anakanda, "Memakailah tuan, marilah kita

131 keluar bersama-sama." Maka Radén Menteri pun memakai, / berkain geringsing wajang lelakon Radjuna tapa [1] ditulis dengan banju emas, bersabuk tjindai natar hidjau, berkeris landéan kentjana ditatah dengan pudi manikam, bertali léhér tiga belit, berpedaka susun telu,[2] berpontoh [3] naga, bergelang anta-beranta dibapang dengan djaga sateru, bertjintjin permata sélan, berurap sari sampai kebahunja, bersaput alit, bertjelak seni, bibirnja mérah tua,[4] giginja seperti sajap kumbang. Maka Sang Nata memakai bersadja-sadja djuga, maka Sang Nata pun mengadjak paduka anakanda keluar berpajung kertas djingga pinerada emas me-ngiringkan ajahanda. Setelah sampai kepeséban agung, maka Sang Nata

132 pun duduklah dengan paduka ananda dihadap oléh segala para / men-teri dan penggawa, sekalian pun tertjengang-tjengang sebab melihat Radén Menteri dan Sang Nata seperti Batara Kamadjaja turun kedunia terlalu élok rupanja terlebih [1] pula daripada dahulu itu. Maka Sang Nata pun memberi derma kurnia kepada segala menteri hulubalang penggawa sekaliannja, serta biku berahmana, maka terlalu ramai orang makan minum bersuka-sukaan tanda [2] ᶜalamat sempurna [3] ananda dikembalikannja oléh Déwata Mulia Raja kedunia. Maka berbunjilah segala bunji-bunjian dipalu orang dalam negeri Pura Negara seperti guruh dilangit bunjinja, maka sekalian orang didalam negeri pun ber-larian masuk kedalam istana karena terlalu ramai. Ada jang berdagang

133 ditinggalkan dagangannja, ada jang bertenun / ditinggalkan tenunan,

---

129   [2] ditjium;   [3] tiarapi.
130   [1] suda;   [2] penggawah.
131   [1] tapah;   [2] talu;   [3] berponto;   [4] tuah.
132   [1] terlabih;   [2] tandah;   [3] sempurnah.

ada jang beradu bangunlah berlari dengan selimutnja disérétnja djua, karena ia takut ditinggalkan oléh temannja,[1] dan ada jang merebut [2] tempat menonton, lalu ia berkelahi seraja katanja, "Aduh si édan ini datang, lalu ia dihadapan kita ini, hendak melihat gusti pangéran ini." Setelah didengarnja,[3] lalu ia berbalik kebelakang seraja katanja, "Si kutuk tiada tahu bahasa sekali-kali. Mengapa engkau sekonjong-konjong memaki-maki kepada kita? Apa lakimu Radén Menteri ini?" Maka kata jang seorang itu, "Apa djuga engkau ributkan disini? Apa sira empunja laki, dan pakenira pun bukan empunja laki? Adapun jang empunja suami sebenar-benarnja aku jang empunja laki, tetapi sudahlah Radén

134 / Menteri bertjerai kepada aku." Maka sekalian orang jang mendengar [1] tertawa gelak-gelak,[2] maka suara orang tertawa bagai tagar dilangit bunjinja, maka kedengaranlah [3] kepeséban agung. Maka warga dalam pun chairan mendengar [1] riuh itu, lalu ia berlari-lari. Setelah sampai lalu ia memukul dan mengusir sekalian orang jang riuh itu, maka berhenti daripada hal orang makan minum itu dalam istana.

Al-kisah maka tersebutlah perkataan Sang Nata dan Permaisuri bergunem-gunem membitjarakan ananda Radén Menteri itu: "Baik kita kerdjakan dengan Kén Tambuhan ini. Apatah bitjara kakanda [4] akan anak kita, karena béta amat kasihan melihat Kén Tambuhan itu, lagi

135 pun ia anak ratu agung djuga itu?" Setelah itu / maka sahut Sang Nata, "Djikalau demikian itu, titahlah kakanda menjuruh pergi memanggil Demang [1] dan Temenggung, Djaksa dan Rangga." Maka kata Sang Nata, "Hai warga dalam, pergilah memberi-tahu sekalian raᶜjatku, dan engkau suruh Demang, Temenggung, Djaksa dan Rangga sekalian masuk kedalam istana kepada bulan timbul ini." Maka warga dalam pun menjembah lalu berdjalan keluar, lalu menudju [2] kampung Demang.[1] Setelah sampai maka kata warga dalam kepada Demang dan Temenggung sekalian, "Disuruh masuk kedalam istana, karena gusti pangéran ada keswaran." Setelah sudah ia berkata-kata, maka ia pun keluar berdjalan segera-segera. Setelah ia sampai lalu ia masuk mengadap Sang Nata, seraja menjampaikan [3] segala kata raᶜjat jang

136 dipanggilnja. Setelah sudah warga dalam / pulang, maka kata Permaisuri kepada Sang Nata, "Bila mana gerangan kakanda hendak mengerdjakan anakanda ini?" Maka kata Sang Nata, "Kepada besar bulan ini jang dihadapan ini djuga." Setelah itu maka Sang Nata pun bertitah

---

133   [1] tamannja;   [2] merabut;   [3] didangarnja.
134   [1] mendangar;   [2] kelak-kelak;   [3] kedangaranlah;   [4] adindah.
135   [1] damang;   [2] menudjuh;   [3] m.mpaikan.

menjuruh orang berdjaga-djaga empat-puluh hari empat-puluh malam, makan minum bersuka-sukaan, dan segala bunji-bunjian dan permainan tjara Djawa djangan dikata lagi, selaku-laku seperti orang jang hendak mengekalkan [1] zaman rupanja. Ada jang bermain topéng, ada jang bermain wajang, ada jang bermain raket, ada jang bermain gambuh,[2] ada jang bermain wajang tjina pelebagai [3] djenisnja, dan banjaklah

137 segala kerbau dan sapi ajam itik angsa / dan kambing domba disembelihnja orang akan tambul orang makan minum itu. Setelah genaplah empat-puluh hari dan empat-puluh malam, pada ketika jang baik dan bulan pun sedang purnama, maka Kén Tambuhan pun dihiasi oléh Permaisuri, bersindjang kimka, berkain méga antara dipertjatkan dengan air mas, bergelang kana, bersubang pelik intan dikarang, bertjintjin kunang-kunang sekebun,[1] berpedaka [2] susun telu, bertali léhér lima pangkat, bersunting gegubahan sinamang guna, berurap-urap sari, bersaput alit,[3] bertjelak seni. Setelah sudah berhias itu, maka terlalu amat baik rupanja puteri Wengger itu, putih kuning seperti anak-anakan

138 kentjana emas / jang baharu tersepuh rupanja, mengghairatkan hati jang memandang dia itu, akan tetapi sajang sedikit kundénja tjépér, itu pun menambahi baik rupanja djuga, karena sudah [1] ᶜadatnja orang Djawa semuanja kundénja tjépér Sala itu. Maka lalu didukungnja [2] diatas puspa padjangan dihadap oléh segala anak dara-dara dan dajang-dajang jang muda-muda. Adapun akan Radén Menteri itu, sudahlah dihiasi oléh Sang Nata berlantjingan geringsing [3] wajang lelakon Samba [4] lelana, berkampuh gading perpandji-pandji rangdi pinerada emas, bersabuk petola wilis, bergelang kana [5] dua sebelah, bertali léhér tudjuh-belas pangkat, berpedaka [6] susun telu, bertali djuita kentjana,[7]

139 bertjintjin permata intan dikarang djuita tudjuh mata, / berkeris landéan si Kalamisani,[1] dan lagi terlalu banjak pakaiannja itu, pun dalang malas menjuratkan dia, karena sangat kesal rasanja hati pun dalang itu. Setelah sudah habis berhias, lalu beraraklah berkeliling negeri tudjuh kali, lalu dibawa orang masuk kedalam istana, maka segeralah disambut oléh Sang Nata dan Permaisuri akan tangan ananda baginda kedua, lalu dibawanja seraja didudukkan diatas tachta keradjaan. Maka datanglah segala djogi dan berahmana dan adjar-adjar dan indang-indang dan peputut dan orang tua-tua,[2] semuanja datang mengwastuni

---

136 [1] m.ng.n.k.l.kan; [2] gambu; [3] pelabagai.
137 [1] sakebun; [2] berpaduka; [3] al.h.
138 [1] suda; [2] diduk.nnja; [3] ker.ngsipi; [4] sambah; [5] kanah; [6] berpaduka;
    [7] kentjanah.
139 [1] kalamisjani; [2] tuah-tuah.

140 Radén Menteri dua laki-isteri itu supaja urip / waras djuga. Setelah itu maka nasi adap-adapan[1] dibawa oranglah kehadapan ananda pengantén[2] dua laki-isteri, maka sekalian orang besar-besar pun datang menjuapi ananda keduanja. Setelah sudah lalu ia turun mendukung isterinja masuk keperaduan, maka tirai kelambu pun dilabuhkan oranglah. Sebermula akan Radén Menteri pun keluarlah mendjamu segala para tuan-tuan dan temenggung dan prijaji penggawa dan lurah dan djaksa dan sekalian raᶜjat makan minum dan memalu[3] bunji-bunjian. Setelah sudah habis orang makan minum itu, maka sekalian pun pulanglah masing-masing kepada istananja, maka Radén Menteri pun masuk

141 membudjuk dan merumrum isterinja dengan pelbagai / kata jang manis-manis, maka Kén Tambuhan pun sangat bentji hatinja mendengar kata Radén Menteri, seraja katanja, "Kakang ini sebagai orang jang baharu bertemu[1] kelakuan pun kakang ini, patik melihat tuanku ini seperti orang jang baharu kahwin rupanja." Maka Radén Menteri pun suka tertawa seraja katanja, "Aduh tuanku, njawa pun kakang jang seperti bajang-bajang sjurga, gusar rupanja tuan kepada pun kakang." Maka Kén Tambuhan pun suka[2] hatinja lalu ia menangis, maka Radén Menteri pun memeluk léhér Kén Tambuhan seraja katanja, "Diamlah tuan, djiwa pun kakang, djanganlah tuan menangis. Sajang

142 mata / tuan jang manis mendjadi balut, sajang suara tuan jang merdu mendjadi parau, sajang rambut tuan[1] jang permai mendjadi kusut. Diamlah tuan adinda njawa,[2] sudahlah[3] untung tuan bersuamikan pun kakang ini. Dimanatah dapat disalahi lagi?" seraja dipeluknja dan ditjiumnja pipi isterinja itu, maka Kén Tambuhan pun diamlah daripada menangis itu, lalu ia beradu kedua laki-isteri. Maka tiadalah kami sebutkan perkataan orang dalam peraduan itu, tetapi maᶜlumlah sekalian tuan-tuan.

Setelah selesailah[4] daripada pekerdjaan kawin itu, maka tersebutlah perkataan Seri Batara meradjakan[5] ananda baginda Radén Menteri

143 menggantikan ajahanda / dinegeri Sotja Windu. Maka Seri Batara memanggil Temenggung Nalamerta dan Demang[1] Mertadjaja dan Pepatih Suranegara dan Djaksa Mertabaja dan Hulubalang Matjannegara pun membawa raᶜjat berketi-keti. Setelah datang lalu menjembah Seri Batara seraja katanja, "Sampun pekulun Seri Batara memanggil pun ᶜabdi pekulun. Apatah perintah Seri Batara kepada pun ᶜabdi?"

---

140 [1] adap-adap pun; [2] pengatén; [3] (supplied).
141 [1] bertamu; [2] s.k.k.
142 [1] tuan tuan; [2] njawah; [3] sudalah; [4] seseséhlah; [5] maradjakan.
143 [1] damang;

Maka kata Seri Batara, "Aku hendak mengerdjakan ananda Radén Menteri sekarang ini, karena ia sudah beristeri patutlah memangku negeri Sotja Windu ini, karena aku sudah tua.²" Maka terlalu suka 144 sekalian ra^cjat / mendengar titah Seri Batara itu, seraja memanggil ananda, lalu didudukkan diatas singgahsana jang keemasan jang bertatahkan ratna mutu manikam. Maka Seri Batara pun berkata, "Hai sekalian tuan-tuan, pada masa ini sekalian tuan-tuan djangan lebih-lebih segala perintahnja Radén Menteri, dan barang katanja sekali-kali engkau kerdjakan." Maka sekaliannja ra^cjat pun menjembah seraja katanja, "Mana titah perintah sengulun patik pun djundjung diatas batuk kepala patik tuanku." Setelah sudah selesailah pekerdjaan jang demikian itu, maka sekalian ra^cjat masing-masing pulang kerumahnja, 145 maka Radén Menteri pun tetaplah diatas keradjaannja. Selama / Radén Menteri keradjaan itu maka terlalu amat baik perintahnja, maka djadilah ramai negerinja dan dagang pun terlalu banjak pergi datang sebab karena ^cadilnja dan periksanja akan segala ra^cjat, dan jang mana segala penggawa dan ra^cjat jang kekurangan daripada belandjanja itu, semuanja diberikannja masing pada kadarnja. Maka segala ra^cjat pun terlalu amat kasih akan Radén Menteri itu, pada rasanja hendaklah mati bersama-sama dengan radjanja, daripada sebab sangat baik budi pekertinja. Maka sekalian djogi dan berahmana dan ubun-ubun dan 146 adjar-adjar pun sekaliannja memintakan urip waras / diatas tachta keradjaan.

Maka kemudian daripada itu tamatlah hikajat daripada tjeritera Radén Andakén Penurat namanja, pada sembelas hari bulan Desémbér, pada malam Isnain djam pukul dua. Kepada waktu itulah habis tersurat kepada tahun 1825.

Adapun ini tjeritera, jang menjurat fakir al-hakir Allah ta^cala Hadji Zain al-^cabidin, kampung Pechodjan Pengukiran, akan persembahan kebawah duli hadlrat seri paduka jang dipertuanku Tuan Besar,¹ supaja djadi tanda ² jang patik ini mendjadi hamba adanja.

---

143   ² tuah.
146   ¹ b.sj.r;   ² tandah.

THE TALE OF ANDAKÉN PENURAT

1   This is a romance telling a Javanese story which has been rendered into beautifully composed Malay, and which has been adapted by a learned and discreet narrator who is very famous in the land of Java.[1] Now no matter who reads this work or hears it being read, even if he should be nursing a grief, then his grief will vanish because of hearing this romance, which can soothe all feelings of yearning and desire, especially in those who may be longing for a loved one. But how can the yearning vanish and the desire be soothed? This I will tell all you who read this romance and all who hear it, and in this respect you will
2   all be exceedingly / knowledgeable concerning the affairs of us who are young, for I too know how it feels to experience the trials of youth.

His Majesty was called the King of Pura Negara,[1] and his fame had spread far and wide in the Javanese and Malay lands. At that time none of the various rulers could equal His Majesty, and all of them bowed low in submission to him, sending him tribute each year. Such was the greatness of that king; he was likewise generous and just in his every decision, as well as scrupulous,[2] so that all his people loved him deeply.

3   Every kind of foodstuff and fruit was very cheap / in the land of Pura Negara, and merchants were constantly coming and going in great numbers because of the fairness of His Majesty the King of Pura Negara, always seated in state on the throne and every day enjoying himself eating and drinking with his people.

Now it came about that while the King of Pura Negara was sleeping with his wife, he dreamed that he picked up the moon which had fallen into his lap, and taking it gave it to the Queen. The Queen took it and carried it on her hip and wrapped it in a piece of cloth.[1] His Majesty was startled from his sleep, and he sat there wondering [2] why his heart

---

1 [1] A discussion of these lines is to be found in the Introduction.
2 [1] At the end of the story (MS. p. 143) the kingdom is given the name Sotja Windu.
    [2] Ml. *periksa* means (the due and proper) investigation.
3 [1] Ml. *kain* has been translated with both (piece of) cloth and clothes; it is a piece of cotton fabric wrapped around the waist and reaching to the ankles.
    [2] The verb *terfekur* which occurs in the text is obviously closely connected with

4   should be so heavy / at the remembrance of his dream. As usual he
    went to amuse himself in the garden Penglipur Lara [1] with the Queen,
    escorted by their maid-servants; as he sat there concernedly he sang
    kidung and *kakawin* [2] trying to soothe his heart which was sad because
    of the dream. After night had fallen the King set out to return to the
    palace, and sitting there with the Queen, his concubines and the maids,
    he said to the Queen with a smile, "My dear, last night I dreamed that
    I obtained the moon which had fallen from the sky, and I picked it up
5   and then gave it / to you. You took it and then carried it on your hip."
    Hearing this the Queen smiled and said, "Your dream has a very favour-
    able meaning. It is a sign that you will have a handsome son." When
    His Majesty heard his wife's reply they both smiled, and then she got
    up to take her betel-caddy, and while chewing the betel she said, "May
    the Almighty Gods [1] give you a handsome son, because I am longing
    for one very much." The King smiled at the Queen's words while the
6   maid-servants / laughed, and the Queen said, "I hope the Almighty
    Gods will grant it." The King was very happy to hear what the Queen
    had said and replied, "Yes, what a good thing it would be if the Gods
    were to grant it." The Queen was pleased that he said this and answered,
    "You're on your own — even if you wanted ten children, how could
    you have them, unless it be first granted by the Almighty Gods?" The
    King smiled while his wives and concubines attended on the Queen,
    and the maid-servants were very happy to hear what she had said.
    After a time the Queen became pregnant and grew heavy with child.
7   / When the King saw that she was pregnant he felt very happy. His
    love for her grew all the more, and he pampered [1] her as one carrying
    a cup brimming with oil.[2]

    When it came about that the wives of the ministers and officials
    heard that the Queen was confined to the palace,[3] they all came to wait
    on her in the women's apartments, bringing gifts of what she had a
    craving for, and she was very pleased to see what they had brought.

---

     tefekur (deep in thought), and was perhaps formed under the influence of
     terfikir.
4   [1] Lit. "Soother of Cares".
     [2] Genres of Jav. poetry employing indigenous and Indian metrical systems resp.
5   [1] Dewata Mulia Raja could also be interpreted as singular, e.g. "The Exalted
     Divinity", "The High God".
7   [1] *Meramahkan* means "to wait on attentively", "to court".
     [2] The verb *menanting* is a variant of the more usual *menatang*.
     [3] The word *rémbét* (spelt *r.mb.t* in the MS.) means literally "unable to walk
     (or move) about freely".

The King went out to take his seat in the great audience-pavilion faced

8 by the ministers, officials and people, / enjoying themselves eating and drinking, while he gave orders for music to be played according to the custom of kings blessed by this great good fortune. After night had fallen the King went into the palace to continue celebrating with all those who dwelt there.

He who tells this story relates that when the Queen was confined to the palace foodstuffs were very cheap, merchants were more numerous than ever before, all the various fruits set successfully,[1] and flowers were exceedingly abundant and could not be used so great were their quantities. All those plants seemed to be welcoming the child in the womb. When the months of waiting were complete the Queen felt the

9 pangs / of childbirth, and the King was very concerned to see her about to give birth. He gave orders to summon Buddhist monks, brahmans, hermits, nuns and female ascetics, and all these curers were sent for to wait upon him in awe. He gave them presents and told them to address prayers to the gods. Then a favourable moment came. At that time the moon was at the full, as if the moon of the fourteenth day were lighting the way for the child who was about to emerge. Cocks crowed very noisily, like someone coming to greet the child; wild creatures [1] called from the tops of the bamboos, like someone come to see a handsome

10 prince appear. The wind blew gently, like / someone wanting to fan the child. All the flowers in the garden Penglipur Lara were in bloom and their fragrance entered the palace borne on the soft breeze and smelled very sweet, as if they were offering their fragrance as a humble gift;[1] and thunder sounded faintly, like the voices of the gods completing the beauty of the face. At that same moment the Queen gave birth to a son whose countenance was very beautiful and who had a glowing complexion, whose body shone so brightly that it could not be looked on, and whose every movement was soft and gentle, winning the hearts of all who saw him. He was immediately received by the *seri paduka* [2] and given to the wet-nurse, who in turn informed the King, saying,

11 "Your wife / has given birth to a son, my lord." When he heard what

---

8 [1] *Djadi* means "to set" (of fruit); cf. Jav. *ndadi*.

9 [1] *Margasatwa* may be a misunderstanding on the writer's part of Jav. *merak*, peacock.

10 [1] The verb *persembahkan* occurs both here and elsewhere without the prefix *mem-* which one might expect. See Roolvink (1965), pp. 315—316, 337.

   [2] Who could this person be? It is clearly not the King; could it have been another (female) royal personage, e.g. the Queen Mother?

the maid-servants said His Majesty was very pleased, and then entered
the private apartments and sat next to the Queen while taking the child.
He held the child on his lap, kissing him, and said, "This son of mine
will be desired by many women later on." His Majesty gave his son the
name Radén Andakén Penurat,[1] and handed him over to the wet-nurse,
who immediately took him. Then the child Radén Andakén Penurat
was bathed by the wet-nurse and the officials, while all the people
12　played / music in the *balai manguntur*.[1] Everything was done in
accordance with the custom of great kings who have just obtained a
son, and His Majesty gave gifts to the Buddhist monks and brahmans
and all the needy and poor, and all the needy and poor became rich
because of the abundance of his alms.

Now it came about that the Patih [2] offered a son of his named Punta
Wiradjaja to become Radén Andakén Penurat's guardian. After that he
was cared for in the proper way, and before long had grown up. His
Majesty placed him in the western *pendapa* [3] in the residence of the
wet-nurse, where he constantly amused himself with his companions.
13　Every day he would go hunting in / the wood, shooting birds with his
blowpipe and trapping jungle-fowl to amuse himself. Every four or five
days he would appear before his father and mother bearing what
he had caught, and would offer it to them: how clever he was!

The story runs that when the King and Queen went to bed together
until late at night [1] they would never fail to be carried away in long talks
about His Majesty's son, Radén Andakén Penurat. After it was daylight
the King and Queen arose and then went to bathe in the garden Peng-

---

11　[1] *Andakén* is probably a corruption of Jav. *uṇḍakan*, "horse". The initial letter
is *alif*, and this can admittedly sometimes be read *u*, but the clear divergence
in the last syllable shows that the spelling has moved away from the original
— perhaps under the influence of the title *Kén*; on MS. p. 53 the form *kén*
penurat occurs. Both occurrences of the word *Andakén* on this page are
irregular, confirming the impression of confusion on the writer's part. The
name *Penurat* might mean "writer", from the word *surat*. The title *Radén*
might be rendered "prince" or "princess". Words containing a grave accent in
Jav. have all been spelt with an acute accent in the Ml. text for the sake of
uniformity.

12　[1] The pavilion in the square in front of the palace.

[2] This title may be rendered approximately with Prime Minister. It was the
custom for a prince to be surrounded by a group of sons of high-ranking
ministers, etc.; these became his inseparable companions and playmates
(*kadang-kedajan*).

[3] A large square building in front of the actual residence.

13　[1] *Sampai tinggi hari* means properly "till late in the morning", but this makes
no sense in the context. One might have expected *sampai djauh malam*.

14   lipur / Lara.[1] After having bathed they came up out of the water and
      changed their clothes,[2] while their maid-servants did likewise, and then
      the King and Queen walked back accompanied by the maids. Reaching
      the palace, His Majesty sat down with his wife. Then dishes of rice
      were brought before the King and Queen, and the King said, "Maid-
      servants, go and summon me your master Radén Menteri. Tell him
      that I wish to eat with my son." The maid-servants made an obeisance [3]
15   and went to Radén Menteri's house. On arriving they found / him
      amusing himself with his companions; he greeted them saying, "What
      business brings you here?" The maid-servants were surprised and then
      bowed and made an obeisance, saying, "Your lordship is now invited
      by the King and Queen to enter the women's apartments, because your
      parents are waiting and wish to eat with you." Radén Menteri said,
      "You return ahead of me. I am now coming to bring my respects to my
      parents." The maid-servants made an obeisance and then went on their
16   way. Before long they arrived in the women's apartments and / made
      an obeisance to the King and Queen. The King said, "Well, where is
      my son?" The maid-servants bowed and made an obeisance to the King
      and Queen, saying, "My lord, we have conveyed your instructions to
      Radén Menteri, and he is now arriving." While they were speaking
      Radén Andakén Penurat arrived and then saluted his father and mother,
      who greeted him saying, "Come and sit next to us here." Radén Menteri
      sat by his parents and dishes of food were brought before the King.
      The King said, "Please eat with us," and after washing their hands the
17   three of them ate from the one dish.[1] / After Radén Andakén Penurat
      had eaten two or three mouthfuls he had finished. A golden betel-caddy
      was brought before Radén Menteri, and he partook of one quid. He
      then made an obeisance, wishing to ask leave to return home.
          After some time the King said to the Queen, "My dear, look how
      our son has grown up!" The Queen replied, "Where is there a beautiful
      princess, so that we can order a proposal to be made for him?" [1] After
      the King had taken counsel [2] he summoned the maids, who immediately

---

14   [1] The garden contained a pool, probably ornamented with stonework and water-
          spouts, for the purpose of bathing.
      [2] While bathing they wore a garment, and on leaving the water they would
          change into dry clothes.
      [3] The "obeisance" referred to so frequently in this text was made by placing the
          palms of the hands together and raising them to the forehead.
16   [1] A sign of intimacy.
17   [1] It was the custom for the parents to take the initiative in making a proposal.
      [2] A good king asks the advice of his ministers; here they had to decide on a
          suitable girl.

came, making an obeisance, and he said, "Go and call me Radén Men-
teri, and say that I am waiting for him." The maid-servants arose, then
18   saluted the King / and went to the house of Radén Menteri's wet-nurse.
They were not long on the way before they arrived and saluted Radén
Menteri who greeted them saying, "What business brings you here?"
The maid-servants replied, "You are invited to enter the palace, my
lord." On hearing this he dressed simply and went accompanied by the
maids. We will not mention what happened on the way, until he arrived
within the palace where he made an obeisance to the King and Queen,
who greeted their son, his father saying, "Come and sit by me over here.
19   I have been longing / to see you because you have not come in to see
us for a long time." Radén Andakén Penurat said, "I haven't been
feeling well, and my head has been aching terribly." The King said,
"Oh yes, I can see that your face is very pale," while he smiled to hear
what his son said.[1] The King glanced at the Queen, and she understood
what he meant by it. She said, "Come and sit by me over here," while
she gave him her betel-caddy which he received, making an obeisance
to both his parents, and then chewed betel. After that the caddy was
20   offered to the Queen / who received it and said, "Oh my son, you are
already grown up, and yet you are still not married." Radén Andakén
Penurat looked down and said nothing, pretending to be chewing betel.
The King said to him, "It would be best to do as your mother says.
Let me propose to the daughter of the king of Bandjar Kulon for you."
After that Radén Andakén Penurat hung his head and looked sour,
glancing at the Queen out of the corner of his eye, which only made
him look all the sweeter, and everyone seated there was pleased to see
21   the Queen with her son. / After they had sat there a moment, dishes
were brought before the King and Queen, and the three of them ate
from the one dish. Having eaten, they chewed betel and put on fragrant
perfumes. After that Radén Menteri asked leave of his father and
mother and then returned homeward. Upon arriving he lay down on
the couch [1] thinking, and after his ideas were clear, reflected to himself,
"It would be best to do as my parents say." With that thought he fell
22   asleep.[2] At that instant / he dreamed that the moon dropped into his

---

19   [1] The import of these and similar exchanges is not altogether clear; apparently
it did not matter what excuse the Prince gave.
21   [1] It is not clear what kind of "couch" a *geta pebudjangan* was. The word
budjang means "bachelor".
[2] Note that it was the custom, as still in Indonesia, to take a nap in the
afternoon.

lap, and that he ate it but did not finish it. He was startled from his
sleep and thought to himself, "What could the meaning of this dream
of mine possibly be? Whom shall I ask about it?" Having thought this
he went to the garden to bathe with his companions, and played at
martial games. After his various games, night came on and he returned
home with his companions. Once home, he went to bed watched over
by his companions.

The story is told how the Queen ordered the princesses to weave
23 cloth,[1] because she wished / to propose to the daughter of the king of
Bandjar Kulon the following month, as the King wanted to hold the
ceremony soon. So she left for the garden Penglipur Lara, and on arrival
entered the garden and sat down in the pavilion [1] attended by her maid-
servants. When the princesses saw the Queen coming they all descended [2]
and then made an obeisance to the Queen. The Queen went up to sit
in the princesses' residence, and they all came up and sat adorning [3]
the Queen and paying her homage. The Queen said, "Ladies, weave
24 me cloth, one piece each!" [4] / The princesses made an obeisance saying,
"We humbly accept whatever you may order, madam." After remaining
seated for a moment the Queen descended into the garden to bathe, and
the princesses also bathed. After they had done so they came up to change
their clothes, and the Queen announced, "Ladies, do not be negligent
in doing this for me." The princesses made an obeisance saying, "What-
ever you say, madam," and the Queen returned, escorted by her maids.
After she had gone, Radén Antaresmi [1] spoke to her sister Kén Tambu-
han [2] saying, "Sister, we had better weave the cloth ordered by the
25 Queen, as she / wants it done very quickly, so don't act as if this were

---

22 [1] The princesses referred to were probably captured in war and kept apart in a
private garden of the King's; the cloth was to be a proposal gift.
23 [1] The term *balai pebudjangan* may mean "pavilion for young unmarried people".
[2] The building was raised — whether on piles like Malay houses or on a solid
foundation like Javanese ones we cannot tell.
[3] Perhaps with garlands of flowers and so on.
[4] The Queen addresses the princesses very curtly, a sign of her domineering
personality.
24 [1] This name might be interpreted as meaning "The Ultimate in Passion".
[2] The name of the heroine, Kén *Tambuhan*, has often been said to derive from
Jav. *tambuh* (OJ. *tan wruh*) "do not know", because of her obscure origin.
But in this hikayat she comes from *Wengger*, and in the shair (ed. Teeuw)
from *Tandjung Pura*. Perhaps our author intended to explain the name by the
passage (MS. pp. 67—68) in which he stresses Kén Tambuhan's skill at
playing the *gendér*; the word for "to play" is *tabuh* (sometimes spelt *tambuh*,
although not here).

our own country.[1] If it were our mother [2] who was ordering us to weave
cloth, then we could take our time. Let us not do that, because we have
become prisoners and captives." When Kén Tambuhan heard what her
elder sister Radén Antaresmi said, she wept, recalling her parents and
the fact that she was orphaned, because she had no mother or father,
while she remembered her country. Radén Antaresmi saw her sister
crying, and embracing her they cried together, and she said, "Hush, my
pet; hush love, don't cry, you're spoiling your lovely face; it must have
26 been the fate ordained for us by the Almighty Gods. / How can we
refuse further, as it's the fate of us both not to be watched over by a
mother and father? If we did indeed have a mother and father, how
happy they would be to see how we have grown up." Kén Tambuhan
became quiet as a result of her sister's words, and the princesses wove
cloth, each one according to her skill.

Now the story of Radén Andakén Penurat is related further. After
he had been riding, he went in to pay his respects to his parents. On
arriving he made an obeisance to them, and the King and Queen
immediately greeted him saying, "Come and sit next to us." He made
an obeisance and said, "Let me remain here." The King said, "Why
27 haven't you / paid your respects to us for such a long time?" Radén
Andakén Penurat said, "I haven't been feeling well." The King liked
hearing what his son said. After sitting for a moment, Radén Andakén
Penurat asked leave to return home. On arriving he sat in the pavilion
attended by all his retainers, and said to Punta Wiradjaja, "What about
the meaning of what someone asleep dreams, brother? What might be
the meaning of the fact that I had a dream last night?" "How did the
dream go, my lord?" said Punta Wiradjaja. Radén Andakén Penurat
replied, "I dreamed that the full moon fell on me; then I ate it,
28 and suddenly I could not finish it." / Punta Wiradjaja said, "The
meaning of your dream is good indeed. The fact that the moon fell
on you [1] is a sign that you will obtain a wife with a beautiful face. The
fact that you ate only a little of the moon and did not finish it is a sign
that you will have difficulties, so this is the explanation as I see it." [2]
Night came on, and dishes of food were brought before Radén Andakén

---

25 [1] *Bumi-istana* means "homeland", "home", "native place".
  [2] The translation of this phrase is uncertain; *ibu suri* is not the Queen of Pura
  Negara but the (royal) mother of the girls speaking.
28 [1] The original MS. reading, *tiada habis* ("not finished"), does not appear to
  make any sense here.
  [2] The translation of this last phrase is uncertain.

Penurat, and he ate two or three mouthfuls and then finished, while chewing some betel. The night grew late, and he said to his followers, "Be here tomorrow morning; I want to go to the garden Penglipur Lara shooting birds." Punta Wiradjaja replied, "Whatever you say, my lord."

29 Then Radén Andakén Penurat entered the private apartments / and slept till daylight. Then he arose and washed his face while chewing betel. Then he wanted to go, but Punta Wiradjaja suggested, "Wouldn't it be better for you to eat just a little first? If you should really get sick won't I be the one to get into trouble?" So he ate two or three mouthfuls and then stopped and chewed betel, as he very much wanted to set about his amusements. After that he set off accompanied by all his retainers. On arriving at the edge of the garden all his followers shot birds, and got very many. Radén Andakén Penurat said to Djaran

30 Angsoka, "Brother, make / me a cage for these birds, as I would like to offer them to the King and Queen," and a cage was made for the birds. After that Radén Andakén Penurat shot a parrot, the feathers of which were of exceedingly beautiful colours. It alighted on a *waringin* [1] tree, and Radén Menteri shot it and hit its chest. The bird fell into the garden right into Kén Tambuhan's weaving, and immediately she wanted to catch it. She was amazed [2] to see it and said, "What a pity about this bird, its feathers are of such beautiful colours!"

31 Seeing the parrot / fall into the garden, Radén Menteri wanted to go in, but Punta Wiradjaja said respectfully, "Do not enter this garden, as it is a place forbidden by your royal father, my lord." Radén Menteri smiled saying, "Brother, let me be put to death by the King and Queen." [1] After that Radén Menteri walked toward the Puspa Berahi [2] pavilion all alone, whereas all his followers stayed outside the gate of the garden.

Radén Andakén Penurat went to the pavilion. When the princesses

32 saw him coming / they all ran away; Kén Tambuhan was the only one to stay behind, fascinated as she was absorbed in looking at the bird. Radén Andakén Penurat came up softly and drawing near Kén Tambuhan thought to himself, "Which king's daughter might this be? Her face is so beautiful, her every movement is delightfully sweet, moving the hearts of all who look on her." He said to himself, "I wouldn't

---

30 [1] *Ficus benjamina*, a large spreading fig-tree with aerial roots, regarded as holy.
    [2] The use of the word *oléh* is unusual here; it appears to be similar to the Jav. *déné,* in the meaning of "as for".
31 [1] See Introduction, p. 17.
    [2] "Blossoms of Desire".

compare even the daughter of the king of Bandjar Kulon to her." He
approached her, and enjoyed looking at her appearance, smiling. As
soon as she caught sight of a young man whose bearing was very fine
33   and whose address [1] was mild she thought / to herself, "This seems like
the King's son, from the way he looks." She wanted to run away, but
had not the chance. He took her hand saying, "Oh my little sister, my
treasure,[1] my angel, my flower, my life,[2] where are you going to run to?
For you are in my hands, and I'm not going to let you go again, my
treasure. You are the one who can cure my sickness." Kén Tambuhan
replied, "Oh my lord, let go my hand, because I've been ordered by
34   the Queen to weave a cloth, my lord, as she wants / to take it soon to
Bandjar Kulon as a proposal gift, my lord," as she brushed away her
tears. Radén Menteri said smiling, "Oh my dear one, my life, what's
the name of this cloth? I don't know what it's called." Kén Tambuhan
looked down while wiping her tears, remembering that it was her fate
to be treated by people in this way,[1] and Radén Menteri said, "Oh my
dear, my little sister, my life, who are like the reflection of Sakurba,[2]
answer what I say." Kén Tambuhan replied with the tears trickling
down her cheeks, "The name of this cloth is *geringsing wajang*,[3] and
it tells the story of Radjuna practising austerities,[4] and is for a beautiful
princess in Bandjar Kulon to dress in, my lord." Radén Menteri said
smiling, "I don't want to go to Bandjar Kulon any more. You are the
35   one / who will be my beloved, and even if I should die and be reborn
seven times, I don't want to marry any other woman than you, and if
the King and Queen should be angry with you, let me bear their wrath."
In tears Kén Tambuhan spoke, saying, "Oh my lord, as if the King would
do anything to you! But I will have to bear it, being lowly, unfortunate
and of obscure descent." Radén Andakén Penurat said, "Of course not,

---

32   [1] The meaning of *bidjak* is not altogether clear.

33   [1] The text has *ratna pekatja*, lit. "the jewel in/from the lotus"; *pekatja* is derived
from the Skt. *panka-ja*, "mud-born", i.e. the lotus. The form *pekatja* may have
been influenced by *katja*, "glass".
    [2] *Pun kakang*: Jav. *pun* is the deferential form of *si*, indicating familiarity;
kakang means "elder brother" or "elder sister".

34   [1] I.e., being a captured princess, it was her destiny to be taken as a mistress by
one of the royal family.
    [2] A heavenly nymph (Skt. *Suprabhā*).
    [3] A cloth on which a scene from the wayang is depicted on a background of
"semi-circular scales" (Wilkinson).
    [4] From the lakon Mintaraga (and the kakawin Arjunawiwāha) in which Ardjuna
(Ml. *Radjuna*) practises *tapa* (asceticism) on Mt. Indrakīla in order to obtain
magical weapons from the gods.

my little one, my life, who are like the goddess Darmadéwi [1] come down
36 from heaven to earth, let the King and Queen be angry with me!" /
Kén Tambuhan said, "Oh my lord, let go my hand! Do not behave like
this!" Radén Andakén Penurat answered, "This is in return for wanting
to catch my parrot just now." But she said, "I didn't catch your parrot.
There it is in that pomegranate tree."

Now the princesses had been watching everything that Radén Andakén
Penurat did, and the princess of Lasem [1] said, "It's no fault of Kén
Tambuhan's! The one in the wrong in this is Radén Menteri." He
carried her to her house and going into her bedroom held her on his
37 lap, while coaxing her with sweet words. Kén Tambuhan / wept and
threw herself to the ground, but Radén Menteri took her again and
carried her into her bedroom, held her on his lap and coaxed her with
sweet words. But Kén Tambuhan still cried, so Radén Menteri said,
"Hush, my little one, my jewel, my angel, my treasure, my flower. Hush,
hear what I have to say. Hush, don't be so broken-hearted, even though
this whole land be searched a treasure like you could not be found.
Oh love, don't cry, my blessing.[1] Don't cry any more, it would be such
a pity for your lovely eyes to become swollen, for your sweet voice to
get hoarse and your pretty face to be dulled. Hush, don't be so fretful.
38 / What's the use of crying? Come on, let's go to sleep, as it's very late.
Listen to what I'm saying." Then he chewed betel and gave his quid
to Kén Tambuhan, and their mouths met. After this I will not give a
description of people in bed in each other's arms; you who have been
in love will know that it is like a perfume in a casket — if the casket is
opened, what happens to the contents?

As for the retainers who stayed outside the gate to the Penglipur
Lara garden, seeing that Radén Menteri was not coming out, Punta
39 Wiradjaja said to / the others, "What should we do now?" They replied,
"We have decided it would be best to return first and inform the King
and Queen of what Radén Menteri has done. Once we have told him,
let the King say what he will; but if we do not tell him, we will certainly
be blamed by him." After all the retainers had thus approved what
Punta Wiradjaja said, they went together to find the King and Queen.
Arriving at the audience-pavilion Punta Wiradjaja went straightway
to the King and Queen, and making an obeisance was greeted by the

---

35   [1] The name of a nymph of whom Jadjnawati is the reincarnation in the Hikajat
       Sang Samba.
36   [1] A kingdom in Old Java.
37   [1] Ml. *pengastukara,* "that which causes a blessing"?

40 King and Queen thus: "Punta, where / is our son?" Punta Wiradjaja
said respectfully, "He is in the garden Penglipur Lara, my lord, in the
house of the princess of Wengger." [1] Upon hearing what he said the
Queen turned to enter the palace, saying, "If that's what Andakén
Penurat is up to, he won't want to marry the princess of Bandjar Kulon
any more; and if the king of Bandjar Kulon hears of what he has done,
he won't want to accept him, having heard he's already had an affair
with that princess of Wengger." The King said, "My dear, it's nothing.
Men have always liked having many wives." When she heard what he

41 said she only looked all the sourer at his pronouncement, and then / set
out to enter the palace, concerned about her son and thinking to her-
self, "I won't feel satisfied until I've killed that Kén Tambuhan."
After the Queen had thought that, the King set out to enter the palace
and then slept. The next morning the Queen, accompanied by the maids,
set off for the garden from the side gate. Arriving at the garden she
ascended and sat in the pavilion. As soon as the princesses had seen
the Queen coming they had descended to make their obeisance to her.
She said, "Ladies, where is the cloth which we ordered? And where
is the daughter of the king of Wengger, and where is her cloth? Is it

42 / finished? She is deliberately trying to ruin my son, that child fit to be
killed, and furthermore she does not respect the King, and pays no
attention to me." After that she returned sadly homewards, fearful lest
her son be surely ruined by Kén Tambuhan.[1] When Kén Tambuhan
heard of what the Queen had said she wept remembering her parents,
but Radén Andakén Penurat said, "My little one, don't take to heart
what my mother [2] says. As if she could really be angry with you!" [3]
Kén Tambuhan said, "What pain or difficulty can it cause you? Where-
as I am a motherless and fatherless child, have no family, have become

43 someone's prisoner / and captive, finding myself in this trouble in
someone's palace and putting up with them saying nasty things.[1] As if
I could do anything in that position! But I will keep on bearing it,
because I am now your servant — but I am not to blame in any way."
When Radén Menteri heard her say this he smiled and embracing her
kissed his wife's [2] cheek, but she pushed his hands away again. Then

---

40 [1] Jav. *Wengker,* the name of a kingdom in Old Java.
42 [1] Translation uncertain.
  [2] *Orang tua* can mean "parent" or "old person".
  [3] The form *kusarkan* is a variant, listed by Wilkinson, of the more usual *gusarkan.*
43 [1] .... *dia kata* seems unusual, although the meaning is clear.
  [2] This is the first occasion on which Kén Tambuhan is referred to as Radén

glancing at him she said, "Oh my love, tinted gold,[3] breath of life, you
44 are on your own." She said further, "You / behave like a boy not in
trouble enough.[1] It's only because of you that this has happened to me,
having to put up with talk like this!" Radén Menteri was happy and
laughed, picked up his wife and carried her to their bedroom, where
he calmed her with sweet words, saying, "Oh my dear one, beaten
gold, little sister, my jewel, my angel, my flower, my blessing, my treas-
ure, who are like the god of all the flowers in the garden of Bandjaran
Sari,[2] surrender your soul to me." Radén Menteri sang her to sleep,
and they arose only when the sun was slanting in the sky.

45 After the Queen had returned from the garden she sat down / by
the King who immediately greeted her with a smile: "Where have you
been this morning?" The Queen replied, "I have come from the garden
Penglipur Lara." The King smiled because he knew what she meant.
After sitting for a moment the Queen said to the maids, "Go and
summon me Radén Menteri." They bowed making an obeisance and
then going out went to the garden Penglipur Lara, to Kén Tambuhan's
house, asking where Radén Menteri was. But Kén Tambuhan's servants
said, "Radén Menteri is asleep." They returned to inform the Queen.
Arriving at the palace they saluted the Queen and sitting before her
46 / said, "Madam, your son is asleep." The Queen replied, "Then why
didn't you wait?" The maids went again to Kén Tambuhan's house.
On arriving they found Radén Menteri newly arisen with Kén Tambu-
han, sitting in front of the doorway of the summer-house.[1] Seeing her
appearance they were so amazed [2] that they could not speak, supposing
it to be the heavenly nymph Sakurba come down to earth, because
Kén Tambuhan had obviously been making love with Radén Menteri,
which only made her look all the more beautiful, gleaming so brightly
47 that one could not look / directly at her. Her teeth were as black as
bumble-bees' wings,[1] her lips were a deep red, her walk was like a wilted

---

Menteri's wife, whereas the ceremony takes place only on p. 134 ff. This
appears to correspond with the contemporary Balinese practice, described by
Covarrubias (1937, pp. 146—149).
[3] A deep golden hue was the admired skin colour.
44 [1] Translation uncertain. One would have expected *kurang* or *kekurangan*.
[2] According to Wilkinson, the garden of Śiva and his nymphs.
46 [1] The word "summer-house" (Ml. *peranginan*) gives perhaps too Western an
impression; it was apparently a "kiosk", open to the breeze.
[2] The spelling *chairan* is a variation of the more normal *hairan*.
47 [1] Teeth were painted shiny black to make them more beautiful; the bumble-bee
is large and of a brownish-black colour.

tendril, her hair like an unfolding palm-blossom, her waist was like a
shoot of the *angsoka* tree,[2] her breasts like doves' eggs, her eyes like the
planet Venus, her calves like swelling ears of rice, her abdomen like
the curve of the sea, her face like a picture newly painted, her nose like
a sharpened pen, her cheeks golden like the flesh of a split mango, her
chin like a hanging bee,[3] her eyebrows like the *turi* flower,[4] and her
fringe cut in a pattern [5] and with a greenish sheen; these things made
her look all the sweeter — no wonder Radén Menteri was wild about
48   her. / Even women went out of their wits gazing at her, another woman,
so how much more would the men. When Radén Menteri saw that the
maids had come he straightway greeted them saying, "Maids, where
are you going?" Making an obeisance they replied, "My lord, you are
called by your mother." He said, "Go on ahead of me, I am coming now
to pay my respects to her." The maids made an obeisance and then
went to bring their homage to the Queen. Then the Queen immediately
greeted them with, "Where is Radén Menteri, maids?" The maids
49   straightway made an obeisance, trembling with / fear, and conveyed
all that he had said. When the royal couple heard what their son had
said the Queen was very pleased, and it seemed as if she genuinely loved
Kén Tambuhan, but in the depths of her heart she was thinking, "I won't
be satisfied till I've killed that Kén Tambuhan; I still want to marry off
Andakén Penurat to Bandjar Kulon." A moment after she had thought
this the moon arose and its beams struck the stone in the ring which
Kén Tambuhan was wearing, and her countenance grew all the more
lovely. Radén Menteri embraced her and kissed her, saying, "My dear,
50   I want to / take leave of you to go and bring my respects to my mother."
When she heard that he wanted to go and pay his respects to his mother
and the King, she clicked her tongue [1] and turned away, saying not a
word. He felt sorry to see his wife's behaviour, and his love for her grew
all the more. Their mouths met and he gave her his quid, then he
hugged and kissed her saying, "Farewell my love, farewell my mountain
of jewels, my darling, enjoy long life and good health, my dear one,
my blessing. I ask your discarded quid as provision for my journey.

---

[2] Ixora, *species diversae*, shrubs often cultivated for their flowers; the twig or
shoot is frequently comparison for a slender, supple waist.

[3] I.e. the abdomen of a bee hanging vertically.

[4] A small tree with white flowers, Sesbania grandiflora Poir.

[5] *Menetak*; the translation is based on the Jav. custom for brides to have the
fringe cut in a certain pattern.

50   [1] There appears to be no better English word for this sound expressing dis-
approval.

Oh my love, I am going to pay my respects to the King and Queen,"
51 / while he hugged and kissed her. Then he went, and Kén Tambuhan
was silent and said not a word; only her tears trickled down like pearls
tumbling from their string, and her eyes were like ripe *bemban* [1] fruits
dropping from their branch. When Radén Menteri saw his wife in this
state he turned back again to embrace and kiss her saying, "Oh my
little one, if you will not allow me to go, I would not dare to disobey
your wishes. Hush my love, hush, darling, hush. Don't be broken-hearted.
Let the King and Queen be angry with me, because I am so attached
52 to you — / if I die and am reincarnated seven times, let me still be a
slave at your feet. I don't want to look on the face of any other woman
than you, because you are the balm of my heart, and only you will be
the light of my eyes. Oh my love, hear what I say, don't be so broken-
hearted. I am like the owl yearning for the moon,[1] and Djentajung [2]
waiting for rain," while he gave her a betel-quid, embraced her and
kissed her, and then wiped away her tears. He said, "My love, my little
53 sister who are like the nymph Tundjung Maja,[3] I ask / your discarded
quid as provision for my journey." So Kén Tambuhan chewed betel and
gave her quid to her husband, who received it while embracing and
kissing his wife and saying, "Farewell my love, my life, I wish to go,"
and he descended to leave, accompanied by all his retainers. After Radén
Menteri's departure Kén Tambuhan kept silent and uttered not a word.

The story is told of Radén Andakén Penurat on his journey. Arriving
54 at the palace, he found the King sitting with the Queen attended / by
all his wives and concubines. When the King and Queen saw their son
coming they immediately greeted him with, "Come and sit here by your
father, my son," and he made an obeisance to his parents. The King
said again, "Come over here and sit by us," so Radén Menteri said,
"Very well, my lord," and then sat by his father while making an
obeisance. The King offered his betel-caddy to his son, and he at once

---

51 [1] Species of Donax from which baskets etc. are made; the ripe berries or fruits
are red and inedible, and occur as a simile for tears because of the quantities
in which they fall. The author mistook the name *bemban* for *bembem,* another
tree (Jav. *kuwèni*).

52 [1] An image of someone longing for his beloved.
[2] From *Djataju,* cf. Van der Tuuk in *T.B.G.* 25 (1879), p. 494 note 1. Djataju
(sometimes spelt Tjentaju) is the bird which tried to rescue Sitā from Rāvana
and, as far as I know, has nothing to do with rain. The bird which longs for
rain is in Old Javanese and Sanskrit poetry called *cātaka* (the cuckoo, Cucculus
melanoleucus, said to subsist on raindrops). The confusion is noted by Van der
Tuuk (KBW I, p. 625).
[3] Apparently the name of a heavenly nymph.

received it with an obeisance and then chewed betel. After that the
55 betel-caddy was presented to the King, who said, "Why / haven't you
been to visit me for so long?" So Radén Menteri said, "My head has
been aching very much, my lord," and the King replied, "Yes indeed,
I have noticed that your face is very pale." The Queen returned, "How
could it not be pale, seeing that he is just married?" When Radén
Menteri heard the Queen's words he hung his head and looked glum,
saying nothing whatever. This only made him look all the sweeter. The
King said, "That is how it is with men." In a moment dishes of food
were brought before the King, who said, "Come and eat with your
56 father, my son." Radén Menteri made an obeisance, washed / his hands
and then ate two or three mouthfuls. Then he finished, chewed betel
and put on perfumery. After that he asked leave of the King and Queen
to go home, and then left, accompanied by his retainers. Arriving at the
garden Penglipur Lara he went into the house and said to the nurses,
"Where is my Kén Tambuhan?" They replied, "She is in the Puspa
Berahi pavilion, my lord, lying down and enjoying watching the full
moon, my lord." Radén Menteri smiled and went to Kén Tambuhan.
Coming up to her, he put his arms round his wife's neck and said, "Have
57 / you eaten yet?" So she answered, "No, not yet, my lord. I've been
watching the full moon with the clouds — now they meet, now they
part, and now they cover the moon, just like a man and his wife, who
now part and are now in love with each other again, so that his wife
hopes in vain." Radén Menteri smiled on hearing what she said, but he
knew what she meant, and said, "Oh my little one, my breath of life,
my treasure, don't speak like that. I know what you mean." He said,
58 "I have always said that if / you want to have something to eat, just go
ahead and eat first, my little one, my life. Don't wait for me any more.
When I left you earlier I felt as if I could scarcely walk," and he
embraced and kissed his wife. At that moment dishes were brought
before Radén Andakén Penurat, and he said to his wife, "Come, my
little one, and eat with me." [1] Then he washed his wife's hands and
they ate both from the one dish. Afterwards he chewed betel, and put
on very fragrant perfumes while chewing more betel. He gave his quid
59 / to his wife, took her to the bedroom and then they slept together as
man and wife. It is not discreet to mention what they did in the bed-
room, for you will all be aware of what happens when people are newly
wedded, so the story of Radén Menteri is broken off.

---

58 [1] *Kita* here seems to mean "you", as it regularly does in Old Javanese.

The tale is told of the King and Queen. After Radén Menteri had returned home the King and Queen set out to enter the palace, and the Queen said, "If we make a proposal to the daughter of the king of Bandjar Kulon, will it be received or not, because of our son's having had this affair with the daughter of the king of Wengger, called Kén

60 Tambuhan?" The King addressed her, / "Let him go for the time being, while he's still in love with her. It's not as if it will last forever." When the Queen heard this she was very vexed and thought, "I won't feel satisfied until I've ordered the death of that Kén Tambuhan!" After she had thought this, day came and she instructed the maids, "Go and summon me Radén Menteri." They at once made an obeisance and went to the garden. Now that night Kén Tambuhan had dreamed that she was dressed completely in red, and was called by Batara Guru.[1]

61 She went to Batara Guru's heaven / and took a *widjaja* [1] flower. After that she started from her sleep, then the tears ran down and her body felt weak and weary, like a drooping twig. Soon daylight came and Radén Menteri arose with his wife and took her to wash their faces. Afterwards they sat in the pavilion attended by all the maids. Soon the maids sent by the Queen came to Kén Tambuhan's house, and making an obeisance said, "My lord, you are invited by your mother to enter the palace." Radén Menteri replied, "Go on ahead of me. I am now coming to bring

62 my respects." The maids / made an obeisance and returned. When they arrived at the palace, they went in to pay homage to the King and Queen, while they made an obeisance and delivered Radén Menteri's message, but the Queen remained silent.

Radén Menteri said to his wife, "Oh my little one, my breath of life, my treasure, I ask your discarded quid as provision for my journey." So she chewed betel and gave her quid to her husband. He immediately received it while embracing and kissing her, and then went on his way, looking back at his wife again and again. As he went Radén Menteri felt as if he could scarcely walk, he was so sorry to be leaving his wife.

---

60 [1] A name of the god Śiwa, "Lord Teacher".

61 [1] The usual form in Malay literature is *widjaja mala*, a flower of paradise which brings the dead to life. In the Javanese wayang tradition the flower in Kresna's hair is called *widjajakusuma* (Victory Flower), and when dropped on the dead brings them to life again. The *widjajakusuma* (Pisonia sylvestris) grows only on a tiny island south of Nusa Kambangan on the south coast of Java; at the accession of a new ruler in the Principalities of Central Java these flowers (when they had fallen — they were not picked) were fetched by special messenger, in order to promote the prosperity of the reign.

63 On arriving he entered the palace. / When the Queen saw her son
coming she greeted him at once saying, "Come over here, my son, and
sit by me." So Radén Menteri made an obeisance and sat down, saying,
"For what business do you call me, madam?" The Queen said, "Oh my
son, I have called you because it is a long time since I have eaten the
meat of the wild ox, and I am longing to eat game. Go and find me
some." Radén Menteri replied, "Very well, madam. Tomorrow I shall
go into the jungle hunting." Making an obeisance he asked leave of the
Queen, and went to find the King. Arriving he made an obeisance, and
64 the King said, / "Come and sit close by me," and Radén Menteri replied,
"Very well, sire," and took a seat, respectfully making an obeisance.
The King said, "For what task were you called by your mother?" while
he stroked his son's back. Radén Menteri said, "I have been ordered
to go hunting, my lord." The King said, "When will you go?" Radén
Menteri answered, "I shall be going tomorrow, my lord." The King said,
"Don't be away long, because I am very fond of you," so Radén Menteri
said, "Very well, my lord, I shan't be away long. I shall be back within
one or two days." The King said to his son, "Well my son, what is your
65 feeling / now, as I'm thinking of ordering proposal gifts to be sent
to the daughter of the king of Bandjar Kulon?" But Radén Menteri
made no reply and looked sour; then his tear-drops fell while he chewed
betel, and the King felt very sorry to see his son behaving in this way.
He took his son's hand and comforted him with tender words, saying,
"Hush, my son, don't cry, and don't be angry with me. If you don't
want to go to Bandjar Kulon, that's all right. But don't cry," while His
Majesty embraced and kissed his son, like someone about to see his
66 love for the last. All those who saw the King with his son / joined in
feeling sorry for him. After remaining seated for a moment Radén
Menteri made an obeisance and then wended his way homeward, and
the King was moved to watch the way his son walked very softly and
gently, like a shoot in the breeze, and like a tender *angsoka* branch
blown by the wind. The King was very moved [1] watching the way he
walked, as if he were accompanying him out of the corner of his eye.
He felt very sorrowful, and the ministers and officials were sorry [2] to
see Radén Menteri going, as if he were never to return again.
67   He arrived at the garden Penglipur Lara, / and found Kén Tambuhan

---

66 [1] Ml. *gemar* seems to indicate not only pleasant emotion, but also more general
emotional stimulation; cf. OJ. *raras*.
[2] The use of *pada* here is the same as Jav. *paḍa,* namely to indicate plurality.

playing the *gendér* [1] to soothe her heart; she was reminded of her fate
so unequal to that of others, while her tears flowed, making her only
look all the sweeter. When she played the *gendér* its sound was very
soft, and her tears rolled down and fell onto her chest, although she
paid them no heed, and her face was sweetly pale as if she had fainted
away. All those who heard the faint music of the *gendér,* hesitating as
if it could not go on, wept at its sound. Then Radén Menteri came up
68 quietly behind Kén Tambuhan, observing / his wife playing the *gendér,*
and he felt very sorry, and his heart grew more and more sorrowful
seeing what she did and hearing the soft music of the *gendér.* Then he
sat down beside her and said, "You're very clever at playing the *gendér.*
Teach me to play it!" When she saw him coming she stopped playing,
while glancing at him out of the corner of her eye. She clicked her
tongue and said nothing, looking away; her eyes were swollen with
weeping. When he saw that she was crying, he felt very sorry to see her
as if she had fainted away. Everything she did made those watching
69 feel sorry for her. / He was then broken-hearted to see her act like this,
and took her and gave her a betel quid, and hugged her and kissed
her, saying, "Oh my life, god of all the flowers, oh my love, my sweet-
heart who are like a heavenly nymph, why are you making me so sorry?
Oh love, my little one, my treasure, my angel, why are you crying like
this, and what is the reason that your behaviour is not as I have always
seen it? Please tell me. Let it be my task to carry it out. Aren't you
happy to remain in this country? Which one would you like better?
70 Tell me, so that I can / wage war. Oh my love, my sweetheart, don't
be upset about anything. Believe what I say. Oh my love, my jewel, my
beaten gold, listen to what I have to say — I don't want to look on any
other woman than you. And I have a message which you mustn't fail
to follow: If I die, I shall wait at the gate of heaven." While he was
saying these things his tear-drops were falling. After this Kén Tambuhan
wept, saying nothing, as if she were answering him with her tears.
Radén Menteri embraced and kissed his wife, while comforting and
coaxing her with sweet words. Kén Tambuhan was all the more down-
71 hearted at seeing what Radén Menteri did, / like someone saying
goodbye to his beloved, and her tears fell without her being aware of it

---

67   [1] A Jav. musical instrument, like a xylophone, with a row of horizontal copper
keys suspended over bamboo tubes. Above (p. 71) it was suggested that the
author, through his emphasis on Kén Tambuhan's playing of the *gendér,*
wished to put forward an explanation of the name *Tambuhan.* Or could the
name have originated from this passage?

any more. Seeing his wife weeping Radén Menteri at once embraced
and kissed her, and wept over her saying, "Hush, my love, don't cry.
What will you achieve by going on like this? Let me go into exile, and
if you are so very frightened of what the Queen says, wait first for one
or two days, because I've been ordered by the Queen to go hunting.
Wait till I come back from this hunting trip, and then I will take you
to whichever country you wish." When his wife heard what Radén
72 Menteri said / she became quiet and was somewhat relieved because
of hearing his words. But she did not feel at ease, as she was about to
be left by her husband, and her tears welled up. She said, "When will
you be going hunting?" Radén Menteri replied, "Tomorrow, my love,
I shall go." She said, "If you have any pity for me, who am humble
and of no account, who was loved and became a captive, I should like
to go along with you and accompany you; whether in life or death let
me go with you." But Radén Menteri answered, "Oh my love, my life,
I'll be coming back. I won't be away long on this trip. Within a day
73 / or two I'll come back and get you, and if there is a lot of game or
interesting things, later on I'll send to fetch you, so that we can amuse
ourselves in the wood." At the same time he embraced her, like someone
about to say goodbye to his love forever. The nurses and attendants
were also filled with pity seeing the way their master jested with his
wife while so very much in love, and all their maids wept out of sym-
pathy, thinking in their hearts, "I have a feeling that his wife is going
to die later, though, if he leaves her behind, because in our opinion her
dream last night spelt no good." Then Radén Menteri carried her off
74 / to the bathing-place. After they had bathed they then changed their
clothes, and Radén Menteri set out to return to the palace. On arriving
he sat down and took his wife on his lap, and people brought dishes of
food before their lord Radén Menteri, who said, "Come, my love, come
and eat with me." But she said, "You eat first, because I still feel
upset." So Radén Menteri said, "If you don't want to eat, then I won't
either." He thought for a moment, then washed his wife's hands, brought
her to eat with him, and they ate together. After several mouthfuls
75 / she had finished, and Radén Menteri also finished, while chewing
betel and putting on perfumery. He gave his betel quid to his wife and
their mouths met; this is how much they were in love with each other,
husband and wife. All his servants loved their master dearly, and felt
they would like to die with him; such were their thoughts night and
day. And thus servants who are loved by their master speak truthfully,
but at the present time they would be the exception out of ten except-

ions [1] among servants now: even though their master means well they take it amiss, and feel in their hearts they would like to murder him.

We continue with the story of Radén Menteri. When day came he
76 amused himself jesting; when it was night / he took his wife into the bedroom, and then they slept together as man and wife. Now it is not discreet to describe what people do in the bedroom, so we resume our story. Very early in the morning Radén Menteri arose with his wife, and they washed their faces. After that he sat down and took her on his lap, saying, "Farewell, my love, may you enjoy long life and good health, cared for by all the gods. I take leave to go hunting, my love, but I shan't be away long. If I catch animals — two or so — I'll come back and see you." Radén Menteri then chewed betel and gave his quid to his wife,
77 who accepted it saying, "You seem to me like someone / who is about to see his love for the last — that's the way you're behaving toward me." Radén Menteri replied, "Oh my love, don't speak like that. The feeling in my heart is that you are to me as the skin is to the bones. If there is no skin to wrap up the bones, they will certainly be parted from the skin. Now our relationship is just as I have said." After his wife had heard what Radén Menteri said, she wept, reminded of his very kind nature. When Radén Menteri saw that his wife was crying he at once
78 took her, embraced her and kissed her, saying, "Hush, my love, / don't cry. It would be a pity for your sweet eyes to become swollen, and your soft voice to become hoarse," and several such sweet words to melt her heart. But his wife would even so not be quiet, but only cried all the more at hearing what Radén Menteri said. Her tears flowing, she said, "May you remain safe and sound, have long life and good health; give me no thought, someone who is humble and luckless, and has become a captive. Such is this hapless person — and I am also motherless and fatherless. May you be safe on your journey, although I remain behind
79 alone, enduring misery my whole life long. It seems to me that / going out hunting now you're like one who wants to say goodbye to his love forever." Radén Menteri was filled with pity at hearing his wife's words, and straightway embraced and kissed her, and then he went outside to see his retainers. They were all present and were awaiting their master.

Radén Menteri was no longer wearing ceremonial attire, but only simple clothing, which only served to enhance his fine appearance. He went on his way, looking back over his shoulder again and again to see his wife, and was soon far away, so his wife returned home, her heart

75 [1] This translation is uncertain.

very heavy to see Radén Menteri leaving. Now after he had gone some
distance he turned back to his house, and his heart was very heavy
80   / to see his wife's state — sweetly pale, as if she had fainted away.
Radén Menteri felt all the more disturbed, and chewed a betel quid
which he gave to his wife, inviting her to bring her mouth to his. She
accepted it weeping, not uttering a single word. Radén Menteri took
her on his lap and coaxed her with sweet words, saying, "Oh my love,
little sister, my darling, my treasure, don't cry. I feel so sorry for you,
and remember what I said before; keep what I said in your heart, and
don't cry. It would be a pity for your sweet eyes to become swollen,
81   and your beautiful face to become pale — don't let / your spirit waver.
If you go to heaven, then I shall go there too, and I do not wish to look
on any other woman than you." Then he wiped away his wife's tears,
saying, "Beloved, I take leave to go," while his tears streamed down.
Now his wife felt like glass dropped and shattered on a stone — this was
the feeling in her heart. Radén Menteri went forth weeping, like some-
one fainting away, and all the maid-servants had pity and were sad to
see him go, as if he were not to return.

     Now let us say no more about his wife; Radén Menteri went on
82   while / his tears flowed down. After only one or two paces he would
come back to embrace and kiss his wife, like someone seeing his loved
one for the last time, saying, "Farewell, beloved. I shall go, so that
I may reach the wood all the sooner." Then he went out. When he
reached the garden gate he stumbled [1] over the root of a *pandan* palm,[2]
and falling he said, "Oh my little sister, my treasure, may it not really
be as I said. From this it seems that I will not meet you again." Then
he mounted his horse, shaded by a parasol of green paper applied with
gold. Now all the ministers and princesses looked at Radén Menteri
setting out as if he were not to return, and they all wept recalling his
83   character. / All the princesses felt exceedingly sorry, and all those who
saw Radén Menteri softly going on his way were oppressed in their
hearts. He went on, passing through the bazaar, and all the people
buying and selling came rushing to see Radén Menteri setting out,[1] as
if they wanted to follow him. After he had reached the wood, he gave

---

82   [1] To stumble or trip on setting out is a bad omen for the journey.
      [2] One of the various species of Pandanus, having prominent roots and long,
      drooping leaves.
83   [1] This scene, often considerably expanded, occurs in much Malay and Javanese
      romantic literature.

orders to his followers to release the hunting dogs,[2] but the dogs refused to go on ahead of him. Radén Menteri said, "Come, brother, our hunting has never gone like this before!" Punta Wiradjaja replied, "What you say is true."

84   The story is now told of how the Queen gave orders / to summon Pelembaja,[1] who speedily came, in fear and with his whole body trembling. While he bowed and made an obeisance to the Queen, she ordered him: "Pelembaja, go and kill that Tambuhan. You are to trick her by saying that Radén Menteri is calling her." But Pelembaja replied, "Oh madam, I am fearful to kill Kén Tambuhan, lest I be struck by a curse, as she is the daughter of a great king and has become your son's wife — I shall be cursed by your son." Angrily the Queen addressed Pelembaja: "You're making too much of that Tambuhan, that child fit to be put to death, and fit to be cut to pieces [2] by me for doing this.

85   Pelembaja, do as I say immediately / — kill that Tambuhan! If you refuse to do as I tell you, I will order your head to be cut off." When Pelembaja heard the Queen's words he was afraid and said, "Yes, madam, I shall do whatever you say." The Queen was exceedingly pleased to hear this, and said, "Pelembaja, carry out my instructions straight away." Pelembaja made an obeisance and went on his way. On arriving he was startled — then he made an obeisance while his heart beat, and he could not utter a word, for he imagined it to be the nymph Sakurba

86   come down to earth. Kén Tambuhan greeted Pelembaja, / saying, "Pelembaja, what business brings you here?" Pelembaja was startled, and then made an obeisance, saying, "I have been ordered by your husband [1] Radén Menteri to fetch you, because he has caught a lot of game. So he told me to come and get you, as he wants to invite you to amuse yourself in the wood too, and to see all the game that he has got. He wants to let you see a deer with golden horns, madam, and a wild bull with silver horns." Kén Tambuhan smiled to hear Pelembaja's

87   words and said, "Wait for me a moment, because I want / to go to my elder sister Antaresmi." After that Kén Tambuhan dressed only simply, and then went to Radén Antaresmi's house. On coming there she made

---

[2] These play a prominent part in some stories, guiding the way, for example, to a suitable site for a new settlement; their role will be seen later (MS. pp. 107—108).

84   [1] I.e. The Executioner; the word appears to be used as a name here, but the dividing-line between titles and names is thin.

[2] The spelling *tjengtjang* is a variant of the more common *tjentjang*.

86   [1] Ml. *paduka kakanda*, lit. "royal elder brother"; "elder brother" and "younger sister" are usual terms of address between husband and wife.

an obeisance to her sister, who straightway greeted her, saying, "Where
are you off to?" "I have come specially [1] to take leave of you, because
I have been summoned by Radén Menteri," answered Kén Tambuhan.
Kén Antaresmi embraced her and kissed her, and the two sisters wept
together; Kén Antaresmi said: "Oh my little sister, my soul, may you

88   go in safety. Moreover do your best, sister, / to entrust yourself to your
husband, and do not disobey anything that he says — and do your best
to be a good servant, because we have become captives. And don't act
as if we were in our own country and our own home. Don't act as if it
were our own mother who is caring for us." The two sisters embraced
and kissed and both wept together. Then she took leave of her sister.
Now all the princesses were filled with pity to see Kén Tambuhan.
After the two sisters had wept together, she went on her way accom-
panied by Pelembaja and Kén Bajan.[1] Pelembaja said, "Go quickly,

89   madam, / because it is almost midday." Kén Tambuhan went on with
her maid and accompanied by Pelembaja, and they then emerged to
take the path to the park.[1] The various flowers in the wood were in
bloom, their scent was very fragrant, and many bees were visiting the
angsoka flowers making a very melodious sound, like people weeping
for Kén Tambuhan.[2] The way she walked was lithe and willowy as a
wilted branch, moving the hearts of all who looked on her. Instead of
becoming sour, her face only became all the sweeter, and everyone was
sorry to see her, while the birds and the bumble-bees in the flowers [3]

90   were filled with pity at seeing / her. They reached a field close by the
park, and Kén Tambuhan enquired of Pelembaja: "Pelembaja, where
is it that Radén Menteri is hunting?" Pelembaja replied, "It is still a
long way" — and Kén Tambuhan went on, accompanied by Pelembaja
and Kén Bajan. Now the way she walked was to go on for a moment
and then to stop for a moment, for she was not used to going far on

---

87   [1] *Sadja* has been taken in the meaning of "deliberately"; another reading might
        have been: *Maka berkata Kén Tambuhan sadja,* "*Beta hendak* . . . . , but this
        seems to make less sense.
88   [1] One of Kén Tambuhan's maids.
89   [1] The possibility has been suggested that the word *padjangan* here may be
        derived from (*alas*) *Putjangan,* the name of the mountain where Raden Inu's
        aunt lives, in the Panji stories. The Malay author was probably unaware of
        this, though.
     [2] The following passage, like that describing the birth of the prince (MS. pp.
        9—10), supplies good examples of the way Malay and Javanese literature
        depicts nature as acting in sympathy with the mood and activities of the
        characters.
     [3] The translation of *kembangan* is uncertain.

foot, and stumbled again and again. Pelembaja was very sorry to see the way Kén Tambuhan was walking, stopping every one or two steps, and saying, "Where is Radén Menteri, Pelembaja?" Pelembaja would reply, 91 "It is not far now, madam." / Kén Tambuhan went gracefully on; her gait was like a branch bending in the wind, and she felt like someone swooning away. She felt as if she could not go on, and as if she had no spirit left. And all along the way the various flowers were very fragrant, like people offering their perfume to Kén Tambuhan. She said, "Oh Pelembaja, tell me the truth, and if the Queen has ordered you to kill me, do it quickly here. I have not the strength to go any further, because my body is very weary and my feet are heavy; I feel as if I cannot move them any further." Pelembaja replied, "Oh 92 madam, would / your husband not be angry with me?" He said, "Go on a little further, as far as the park, where your husband is hunting, madam." So Kén Tambuhan went on again slowly, as if she were unable to walk. In a moment they reached a great forest, and all the creatures in the wood cried out, calling back and forth, like people coming to greet Kén Tambuhan about to die. And all the deer called to each other along the path, making a great commotion, sounding like people lamenting over Kén Tambuhan, and all the inhabitants of the wood were filled with pity to see her passing on her way. Pelembaja said, "Oh madam, if you cannot go on it would be best to stop here 93 a while." / Kén Tambuhan replied, "Oh Pelembaja, kill me so that I may quickly die, for I have not the strength to go any further." Then Pelembaja said, "Madam, go on slowly, because the place where your husband is is already in sight" — and Kén Tambuhan went on, accompanied by Kén Bajan and Pelembaja. When they had reached the park, Kén Tambuhan asked Pelembaja again, "Oh Pelembaja, what wood is this?" He answered: "Madam, it is called 'The Park'." Kén Tambuhan said, "Where is it that Radén Menteri is hunting?" Pelembaja replied: "It is close by, madam. It would be best to go on quickly." Kén Tambu- 94 han went on again. In a moment they came to a *kemuning* tree [1] / flanked by *pandan wangi* plants,[1] of which the flowers were just in full bloom and were very fragrant, like someone offering their fragrance to Kén Tambuhan. Bees were humming around the *kemuning* flowers.

---

93 [1] Murraya exotica, a tree with fine veined yellow wood used for kris-handles, etc. The beautiful, fragrant white flowers are worn by women in their hair, and so the tree is often planted near houses.

94 [1] Pandanus amaryllifolius Roxbi, a small bush with thin leaves, planted in courtyards for its fragrant leaves which are dried and placed between clothes.

Kén Tambuhan said, "Oh uncle, I cannot go any further. Uncle, tell me the truth; if the Queen has ordered my death, kill me here straight away — I should prefer to go to heaven rather than remain here in the world." Pelembaja wept in pity at hearing what she said, and answered, "Oh madam, how can I hide it any longer, because it is my head, my life and my body which must answer for it, as I am a servant to the Queen, and that is why I cannot disobey anything she orders. I have

95 / indeed been ordered by the Queen to put you to death." When Kén Tambuhan heard these words of Pelembaja's she smiled and answered, "Take this ring of mine as payment for killing me, so that I may die quickly; you go back to the Queen, lest you be found by Radén Menteri. He would most certainly kill you. Nevertheless [1] wait while I leave a message for Radén Menteri." Kén Tambuhan went up to the *pandan wangi* and, taking a leaf from it, wrote on it [2] with her finger-nail;[3] the letter ran as follows:[4]

96 "Oh Radén Menteri, / what has become of your agreement with me? This appeared to be a message of yours to Pelembaja to fetch me. The love and affection you bore me all this time have reached their end — for me, who am mean, humble, of no account, fostered by the deer and a humble child, and who became a captive. Farewell, enjoy long life and health with your royal throne, and go and duly take to wife the daughter of a king and queen of royal blood and a descendant of the gods. Let met die in my misery, someone of no account, but when you are married, take your place in the land of Pura Negara with all the

97 attendants of the princess of Bandjar Kulon, / watching over your home and great audience-pavilion as man and wife, so that the Queen may be happy. And when you return to heaven, make me your servant; please, when you are in heaven, let me become a servant to you and your wife. And I don't want to have anyone else as master, and even if I am reborn seven times I will still be your servant. There is one other thing which I want to enjoin on you — when you have come back, take

---

95   [1] Translation uncertain.

    [2] There may be a confusion with the very similar (*pandan*) *pudak* here, as this plant (which appears to have various botanical names, incl. Pandanus tectorius Sol.) is the one which produces a large bud, the protective covering of which can be used for writing on.

    [3] Ml. *tjanggai* can apparently be a finger-nail allowed to grow long for decorative purposes or an artificial "finger-nail" of gold to make the fingers seem long, slender and pointed.

    [4] The following letter is very disjointed in the Malay; probably the author wished to indicate Kén Tambuhan's distraught frame of mind.

my sister Antaresmi into your safekeeping as a servant. If she is not
98 killed by the Queen, let her remain in your service, and / do not
distinguish her from your many servants, and if she makes errors, silly
mistakes and omissions, do not take it to heart, for you are the only
one who can forgive her. And do not let her be persecuted [1] by the
princess of Bandjar Kulon, because my sister is meek and humble, she
has no mother, no father and no brothers or sisters.

"But now as for me, this has happened as it is my fate, and I shall die
like this in the park, to be eaten by all the wild animals of the forest.
Farewell, enjoy long life and health, and may you have perfect
prosperity on your royal throne, man and wife, in your palace. After
99 I have finished writing this — / because I had hoped that it was you
who would be [1] the place where I might seek support and shelter for
myself, bereft of family, who am exceedingly lowly and ill-looking, and
because your love has ended up in this way — let me remain behind
unnoticed in the woods and forests, devoured by the tigers and boars.
Oh beloved, I take leave." At the same time she said to Pelembaja,
"Pelembaja, take this ear-stud [2] of mine. It is poor payment which I give
you to kill me straight away. Let me die quickly. This life of mine is
useless, bearing shame all my days." Pelembaja made an obeisance and
accepted the 'ear-stud, while weeping. Kén Tambuhan leaned against
100 the *kemuning* tree /, and taking an end of her sash she covered herself
with it as a blanket, looking like Indera about to fly away to heaven.
The *kemuning* flowers were deliciously fragrant, like someone presenting
their perfume for sprinkling on Kén Tambuhan's remains, and bumble-
bees flew busily to and fro in great numbers, visiting the *kemuning*
flowers and humming loudly, sounding like people preparing Kén Tam-
buhan. Now a shaft of light [1] and a rainbow [2] arose in the sky, as if
in sympathy, and thunder sounded at the foot of the mountains, and a
breeze blew ever so softly, like someone filled with pity to see Kén

---

98 [1] *Beri* can mean "to allow"; *sia-sia* (here interpreted passively) is not the Malay
"useless", "pointless", but Jav. "unjust", "cruel".
99 [1] Translation uncertain.
[2] A coin-like ornament clipped through a hole in the ear-lobe.
100 [1] *Tédja* is sometimes the red glow of sunset, but here it is a vertical shaft of
light believed to portend the death of a royal personage.
[2] The rainbow is pictured as an arc with either a deer's head at both ends or
a serpent with its tail in the ocean sucking up water which is then spewed out
via the mouth. The appearance of a rainbow is a sign of *gara-gara*, a disturbance
in nature resulting from an event of a magically disastrous nature. Cf. the
passage on MS. p. 114.

101   Tambuhan about to die. Light rain / fell, like the tears of someone
      weeping for Kén Tambuhan. She said: "Oh Pelembaja, kill me quickly.
      If Radén Menteri comes, you will presently be killed." Pelembaja drew
      his kris,[1] which was called Kalaganti, saying, "Excuse your humble
      servant," and stabbed her under the collar-bone, so that her blood
      gushed over her chest until all her clothing was red, as if it had been
      dyed scarlet. The blood on her face was like a person wearing a yellow
      ointment,[2] her lips were like someone smiling, and her teeth were like
      pinchbeck [3] which has been tinted. When Kén Bajan saw that her
102   mistress had died, she said, "Hey Pelembaja, give me your kris! / I want
      to die with my mistress." But Pelembaja did not give it, as he wanted to
      return quickly, and moreover he was afraid of being found by Radén
      Menteri, and furthermore he was afraid that Kén Bajan would run
      amuck. He hurried off but was chased by Kén Bajan who seized the
      kris from Pelembaja's hand. With the kris she approached the body of
      her mistress, while weeping and saying, "Oh madam, do not hurry on
      ahead of me. Wait for me, madam, so that your servant may accompany
      you into heaven." She then stabbed herself in the chest and ran herself
      through, and fell prostrate at her mistress' feet, and so they lay motion-
      less together, mistress and servant — that is the mark of loyalty to one's
103   lord. / When Kén Bajan was dead Pelembaja quickly took his kris
      from her hands and set out immediately, his kris smeared with blood.
      After he reached the palace he found the Queen who was sitting in the
      balai tengah.[1] Pelembaja approached and, bowing to the Queen, said,
      "Madam, I have killed Tambuhan," and showed the Queen his kris
      smeared with blood. The Queen was delighted, and laughed as if to split
      her sides [2] on hearing Pelembaja's story. She thought to herself, "Now
      my son will agree to marry in Bandjar Kulon, seeing that Tambuhan
104   is dead." The Queen ordered a string of a thousand cash and / a cloth
      of geringsing design to be brought, and gave them to Pelembaja. Pelem-
      baja bowed and, taking leave, returned happily homeward.
         Now the story is told of how Batara Kala was making a tour of the

---

101   [1] Sometimes written *creese* in English; a type of dagger.
      [2] A compress or salve, mostly placed on the forehead, as a treatment for headache,
          etc., and containing yellow ochre.
      [3] The term "pinchbeck" is not altogether accurate; *suasa* is gold with an ad-
          mixture of copper, produced not with the aim of lowering the value but of
          improving the appearance.
103   [1] A pavilion between the ruler's private dwelling and the audience-hall.
      [2] Lit.: "like someone whose lungs are swollen"; apparently not a reference to
          pneumonia.

world when he saw Kén Tambuhan lying dead with her servant beneath the *kemuning* tree, and said: "Oh madam, what an injustice for the queen [1] of Pura Negara to kill you, my granddaughter, who have committed no offence." He continued, "May you later on become incarnate in a blue lotus, because you have not yet reached your allotted span, and you will already be betrothed while in heaven." When Batara Kala had
105 thus spoken he disappeared, and the narrator closes this tale / of the death of Kén Tambuhan.

The story is now told of Radén Menteri out hunting. Let alone catching any game, not even a grasshopper [1] crossed his path, and he said to Punta Wiradjaja, "Hey Punta Wiradjaja, this is the first time that our hunting has gone like this — let alone catching any game, there isn't even a grasshopper to be seen. It would be best to go straight back, because we have been a very long time and the Queen was putting her hopes on us." So Radén Menteri turned back. Before he had gone far he met some crows [2] calling back and forth in the *beraksa* trees,[3] like someone informing him that Kén Tambuhan had passed away,
106 / and Radén Menteri's heart beat uneasily, as if someone had told him, and his foot stumbled over a root of the *pandan wangi* plant. Radén Menteri noticed that the leaf of the *pandan* had been written on, and he took it and read it. When he had read it he fell down insensible, and was immediately taken by Punta Wiradjaja and sat under the *pandan wangi*. Radén Menteri recovered a little from his faint, and said, "Punta Wiradjaja, you go home; take all our followers, because I do not wish to return home again, because my mother's deep love and affection for me have turned out to be like this. The Almighty Gods
107 have granted / her wish to have the Bandjar Kulon princess, so [1] my mother will now be satisfied, and so [1] I feel as if I want to die with my treasured one. Oh my little sister, my soul, where might my sweetheart be? Hey Punta, take me there. Let me ask my beloved what the cause and the reason are that she has become thus, and when I have asked her that, then let me die. I prefer to die with my sweetheart, so that my mother and father, the king and queen, will be satisfied." When Radén Menteri had said this to Punta Wiradjaja, the hunting-dogs

---

104 [1] Here and on MS. p. 121 *ratu* appears to mean "queen".
105 [1] Or "cricket"; = Jav. *walang*.
     [2] The crow is an ominous bird; its call tells of a death.
     [3] Cassia Fistula; Jav. *trengguli*, Bal. *tangguli*.
107 [1] *Karena* here and on MS. p. 132 seems to mean "for that reason", rather than "because". Cf. Jav. *mula*.

108   began to bark beneath the *kemuning* tree, / and Punta Wiradjaja said,
      "I wonder what the dogs are barking at under that tree, master?" Radén
      Menteri replied, "Punta Wiradjaja, go straight and see what the dogs
      are barking at." Punta Wiradjaja went to the *kemuning* tree and saw
      that there were two dead people lying sprawled under the *kemuning*
      tree. He went straight back to Radén Menteri and said, "My lord,
      there are two people lying dead under the *kemuning* tree." When Radén
      Menteri heard Punta Wiradjaja's words he went straight to the *kemu-*
      ning tree. When he saw the body of Kén Tambuhan he was astounded

109   and could / not speak, feeling as if he were in a dream. In a moment
      he began calling Kén Tambuhan's name, and threw himself to the
      ground and embraced and kissed his wife. Now the way Kén Tambuhan
      was lying was like someone sleeping in the "twisted serpent" position,[1]
      and her face looked like someone smiling to see her beloved coming.
      Radén Menteri wept, saying, "Oh my love who are like the divine
      Sakurba, oh my soul, have you the heart to leave me? What are you
      angry about? Tell me truly, love, to settle my mind. Oh my love who
      are like a spirit from heaven, what have I done wrong that you refuse
      to hear / what I say? Even though my voice be hoarse and my eyes

110   swollen you still refuse to greet me. Oh my love, please answer me just
      one word in that soft voice of yours. I am like a madman." Only then
      did Radén Menteri realize that Kén Tambuhan was dead, and drawing
      his *kris* he stabbed himself. And so Radén Menteri died, his body lying
      on Kén Tambuhan's. After that we tell of Punta Wiradjaja. When he
      saw that his master was dead, he wept at his master's feet, rolling back
      and forth. He said, "Oh my lord, do not leave me behind," and drawing

111   his *kris* he straightway stabbed himself and / died at his master's feet.
      This made four people lying scattered like fallen trees. So it is with
      people whose loyalty to their loved ones is firm — in both life and
      death they still remain together.

         We tell now of all the chiefs and common people who were left
      behind: When they saw that Radén Menteri had died together with
      Punta Wiradjaja, they went straight back and found the King and
      Queen sitting at the innermost gate,[1] talking and discussing sending
      someone to go and find out about their son, because he had been away
      a long time, and had still not come. When the King had talked it over

---

109   [1] See KBW IV, p. 234.
111   [1] I.e., the first gate leading from the ruler's private quarters to the public part
      of the palace.

with the Queen, the followers who had been away came and prostrated
112   themselves at the King's feet. / The King said, "Hey gentlemen, where
is my son?" The people replied, "We offer many humble apologies
before your royal feet, but your son has passed away, Your Majesty,
together with Kén Tambuhan in the park. Moreover Punta Wiradjaja
has also followed his master in death." When the King and Queen
heard what the people said, the King sprang down from the pavilion
of the innermost gate and set out for where Radén Menteri's body lay,
running and weeping at the same time, to go and find his son. As for
the Queen, seeing the King leap down, she also leapt down after him
113   and ran off to follow / the King, saying, "Oh my son, wait a moment
for me at the gate of heaven, so that we can go in together." Now the
Patih and Temenggung, seeing the King and Queen setting out alone
to find their son, gathered together the people, His Majesty's elephant
and the Queen's ox-cart for them to ride on, and they all followed after
like an advancing army.

We now tell of Radén Antaresmi in the garden Penglipur Lara.
When she heard that her sister had been put to death on the Queen's
orders she rolled herself on the ground, saying, "Oh dear one, have you
114   the heart to leave me? Oh my dearest, wait at the gate of heaven / so
that we can go in together." Having wept, she took a knife which lay
on the cloth she was weaving, then jumped down to the ground. She
went to an *angsoka* tree on the edge of the garden Penglipur Lara, and
leaning against it she stabbed herself and then died. When she was
dead rain fell in torrents, with a gale, thunder and lightning flashing
back and forth in the northern sky,[1] and there was pitch darkness
beyond all precedent. In a moment the rain ceased and Batara Kala,
looking down on the world, saw that Radén Antaresmi had died by
stabbing herself, and said, "Oh my grandchild Antaresmi, I am sorry
to see that you have followed your sister in death." Batara Kala blessed
115   her, saying, / "May you later on be reincarnated in a white lotus in this
garden." [1] When Batara Kala had blessed her, he disappeared.

We now tell of the King and Queen. When they came to their son's
body, they prostrated themselves embracing and kissing him, while
weeping and saying, "Oh my son, apple of my eye and light of the
palace, why have you killed yourself? You did not want to tell your

---

114   [1] Cf. the kakawin Hariwaṅśa 13,5a: *parṇah lor akĕtĕr patĕrnya* .... "the
thunder rumbled in the north....".
115   [1] This thread is not taken up again later in the story.

father the truth. If you had told me the truth, it would not have come
to this. Oh my dear one, what will become of me, whom you have left
behind in my old age? I had intended that you replace me in ruling this
land, but now that you have left me whom else have I to rely on?"
116 / His Majesty then fell in a faint. The Queen lamented with very many
improper words, and said further, "Why have you followed in death
someone of such lowly birth? Were you not already betrothed to the
princess of Bandjar Kulon, who is also the offspring of a king and
queen, of royal blood and divine descent? Why do you treat me like
a madman,[1] that you do not answer? Come, let us return to our palace!"
Then she fainted. As soon as she came to she began lamenting again,
and the King said, "Hey Queen, what are you howling about? You have
your wish, you damned woman. You seem like a woman cursed by all
117 the gods!" When the Queen / heard what the King said, she only
shrieked all the louder, and then lost control of her bowels and rolling
back and forth her whole body was smeared with her own excrement.
Now they swooned in turns. When the King became conscious, he gave
orders to summon the Temenggung. The Temenggung came, making
an obeisance before the King, who said, "Temenggung, caparison my
elephant [1] and all the horses and ox-carts." They were decked out with
splendid trappings, and the tall state umbrellas and the yellow fringed
umbrellas were opened, flanking them on right and left, and the
Temenggung himself wielded the elephant goad. When the elephant
had been caparisoned the King gave the order and then the body of his
118 son was raised / together with that of Kén Tambuhan. But the Queen
said, "Don't put it beside my son, I wouldn't like that at all." The
King said to the Queen, "Hey Queen, what's the difference between
your son and Kén Tambuhan?" And he ordered it even so to be placed
on the elephant with Kén Tambuhan. He took no notice of what the
Queen said, and ordered Radén Menteri's body to be raised with Kén
Tambuhan's. All the people then set off, and the King and Queen
escorted their son's body. After that all the inhabitants of the country
also followed, in great numbers and dense crowds,[1] and people scattered
119 / cash and flower-petals and sprinkled rose-water along the way. Radén
Menteri's body was conveyed with Kén Tambuhan's in procession

---

116   [1] Translation uncertain.
117   [1] I.e., the elephant which I use to ride on.
118   [1] The expression *bertindih tintin* is not known to me; is it a form of reduplication
        (= *bertindih-tindihan,* "piled up together"), or should *tintin* be *tonton,* "to
        look on"?

around the city [1] and then into the palace; the King ordered seasoned yellow sandalwood and eagle-wood to be brought, and then the bodies of Radén Menteri and Kén Tambuhan were taken and cremated together. When they were consumed the King ordered the ashes to be taken and he placed them in a golden shrine,[2] which was brought in procession into the city. The King gave orders for a place to be made to keep the golden shrine in the bathing-place,[3] and it was brought

120 / there. After that everyone returned to their homes in sadness. Now as for the King and Queen, while [1] his son was dead the King would go out once every seven days to the bathing-place to look at his son's shrine. Moreover after his son had passed away the King paid no further attention to the Queen. The King simply lived in Paduka Mahadéwi's [2] residence, and while she was ignored by the King, the Queen remained by her son's shrine in constant sadness.[3]

The story now turns to Batara Kala who, while travelling around

121 / the world, noticed that people in the land of Pura Negara were silent and dejected, and that there was no longer anything to be heard.[1] He said, "What is this queen of Pura Negara worrying about?" He looked into the garden and saw the Queen watching over her son's shrine, and said, "Oh Queen of Pura Negara, realize now that what you yourself have done to your son is the cause of your trouble." Batara Kala was sorry to see the Queen of Pura Negara, and blessed the shrine of Radén Menteri and Kén Tambuhan, saying, "Oh my grandson, handsome and young, it is fitting that you marry Kén Tambuhan who is likewise the

122 offspring of a king and queen." Having given his blessing, / Batara Kala disappeared.

Let us continue the story of the Queen watching over her son's shrine. When she arose she noticed that her son's shrine had become a lotus,

---

119   [1] *Negeri* can be translated with either "country" or "city" — the two were apparently not distinguished. Here the area cannot have been very large. The *negeri* will have been a settlement containing the residence of a ruler, surrounded by (more or less) territory under his influence.

  [2] The term *tjandi* here probably indicates an urn or larger construction for holding ashes. It is not a "temple".

  [3] I.e., garden where one bathes. We are reminded of the *tīrtha* of ancient Java; these were elaborate stone pools, probably containing an urn with the ashes of a departed ruler.

120   [1] By the use of the word *selama* the author hints at the following development of the story.

  [2] Title of the second queen.

  [3] No mention is made of any revenge taken on Pelembaja.

121   [1] The sound of bustle and activity means that people are cheerful.

and that the lotus was blue and had two buds, the one open and the other closed. Now the one which was open was Kén Tambuhan and the one which was closed Radén Menteri, growing there in the bathing-place. When the Queen noticed it, she gave instructions to inform the King, and the courtiers [1] made an obeisance and set off. When they arrived they bowed to the King, saying, "We humbly ask forgiveness at

123 your feet, but the shrine has turned into a lotus with two buds, / one open and the other closed." When the King heard what the servants said he then went to the bathing-place and saw the blue lotus. He then embraced it, saying, "Why have you become thus, my son?" The King did not wish to go home any more, so he gave orders to build a place for him to watch over the bathing-place. Now the King and Queen went to look at the flower every morning and evening, and before long the appointed time had arrived for Radén Menteri and Kén Tambuhan to be returned by the Almighty Gods. On a certain day the King was asleep and began to dream, and saw an old man coming. Now the old

124 man / was simply Batara Kala taking on the appearance of an old man — he said, "King of Pura Negara, do not be miserable, for your sadness is drawing to its end, and has reached its appointed hour. Go and take the lotus with the two buds; keep the one which is open and give the one which is closed to the Queen, and tell her to cense it with incense. Order the Queen to carry this out." [1] Thus it happened in his dream, and he was startled and arose immediately. The King ordered the Queen to be called, and she came and sat by the King, who said to her, "Sister, I have had you called because I had a dream last night."

125 / And the King told her what happened in his dream. When the Queen had heard these words of the King's, he then took the flower which was closed and gave it to her. She took it and censed it with incense, and the flower crumpled and turned to smoke. When the smoke had cleared Radén Menteri could be seen, and the Queen immediately embraced and kissed him, saying, "Oh my son, where have you come from like this?" [1] Radén Menteri replied: "Oh mother, I was sleeping soundly just now — why did you wake me?" And again, "Come, mother, where is my sweetheart?" The Queen answered, "I do not know where

126 she has gone — ask your father, / perhaps he knows."

Let us tell of the King. When he arrived the flower was treated in

---

122 [1] This is the first mention of *warga dalam* — previously it was always maids (*dajang-dajang*) who conveyed the messages; *warga dalam* means "royal relatives" (of lower rank) and is like Jav. *sentana*.
124 [1] The division of this sentence is not clear; it may well be corrupt.
125 [1] Translation uncertain.

the above way and then Kén Tambuhan appeared, and seeing her the King imagined that it was the nymph Sakurba come down to earth. He was amazed and could not speak. Seeing the King, Kén Tambuhan bowed before him, but he said, "Why do you, a denizen of heaven, make an obeisance to me, a mortal? I fear being struck by a curse." But Kén Tambuhan replied, "I am a humble subject of yours, sire." The King

127 said, "Who are you?" / "I am a lowly person, and my descent is of no account," said Kén Tambuhan. Hearing Kén Tambuhan's words the King said, "Oh my daughter Kén Tambuhan, it is because of you that I am in this state." He continued, "Oh my child, where have you left your husband?" She replied, "My lord, I do not know, because I have just arisen from sleep." Then the King gave orders to fetch Paduka Maha-déwi, who came and then sat down by the King. The King said, "Take this child of mine home with you. Take good care of her for me,[1] as you

128 have no children by me. She is to be / your daughter." Hearing these words of the King's, Paduka Mahadéwi looked at Kén Tambuhan and was amazed, thinking she was the nymph Sakurba come down from heaven, and she said, "Who is this lady? I do not know her." The King responded, "This is Kén Tambuhan," and told her about when he had the dream, from beginning to end. This was the first time that Paduka Mahadéwi had met Kén Tambuhan; she took her home and cared for her well without letting anyone see her any more.

Let us tell of the Queen. After she had seen her son, she gave orders

129 to call the King, and the King went. Arriving, he sat down / by the Queen and said, "Why did you have me called?" The Queen answered, "If I had not done so you would not have wished to come hither and look upon me." The King smiled at hearing the Queen's words, and she told him about their son, and the King said, "Where is my son?" The Queen had him called, and Radén Menteri came, having just become visible. Seeing him, the King embraced and kissed him, threw himself at his feet and wept over him, saying, "Where have you just appeared from, my son?" Radén Menteri said with an obeisance, "I humbly

130 acknowledge your affection." Now / the King said to the Queen, "Come, let us return to our palace. What business have we here? We are here only because of our son, but now he has been reunited with us by the Almighty Gods." The King and Queen set out to return to the palace, taking their son. When they arrived there, he [1] bowed before

---

127   [1] Here *kakanda* seems to refer to the king himself.
130   [1] I.e. the son? *Ia* could also be "they", perhaps servants whom the author forgot to mention.

the King, saying, "I ask pardon at your feet, but all the ministers and officials have gathered at the great audience-pavilion." The King said to his son, "Put on ceremonial dress, and let us appear together." Radén

131   Menteri dressed; / he wore a kain of the *geringsing wajang* type depicting the story of Radjuna practising austerities and painted with gold paint, a sash of *tjindai* cloth [1] with a green background, a *kris* with handle of gold and inlaid with jewels, a necklace of three strings, a collar [2] with triple pendant, arm-bands [3] in the form of serpents, *antaberanta* [4] bracelets applied with a charm to guard against foes,[5] a ring with a Ceylonese stone, a fragrant ointment as far as his shoulders, kohl on his eyelids and around his eyes,[6] while his lips were a deep red and his teeth were like bumble-bees' wings. The King wore only simple attire, and invited his son to come forth, shaded by an umbrella of orange paper applied with gold-leaf, and accompanying his father. When they reached the great audience-pavilion the King took his place

132   with his son, attended by all the / ministers and officials, who were amazed to see Radén Menteri and the King — like Batara Kamadjaja [1] come down to earth, he was so handsome — even more so than before. The King gave gifts to all the ministers, generals and officials, and to the monks and brahmans, and everyone enjoyed themselves eating and drinking to celebrate the fact that his son had been brought back safe and sound by the Almighty Gods. All the musical instruments rang out, played by people in the city of Pura Negara; they sounded like thunder in the sky. Everyone in the city came running to enter the palace, so that great excitement arose. Those who were buying and selling

133   abandoned their wares; those who were weaving / left their work; those who were asleep awoke and ran off still dragging their blanket after them, as they were fearful of being left behind by their friends. Some women tried to push into other people's viewing-places, but the latter objected and said: "This fool comes along and gets in in front of me to have a look at this prince." Hearing this they went back to the rear, saying, "The wretch doesn't know the meaning of politeness. Why

---

131   [1] A silk bandana of bright reticulate pattern, originally imported from northern India.
      [2] A metal object shaped like a crescent moon.
      [3] On the upper arm; these are clearly seen on wayang puppets.
      [4] Apparently the name of a certain type.
      [5] Translation uncertain; what is *bapang*?
      [6] It is unclear what the exact distinction (if any) is between *saput alit* and *tjelak seni*.

132   [1] The God of Love.

do you suddenly start abusing me? Is this Radén Menteri your hus-
band?" So then another [1] said, "What are you making such a fuss
about here? Is it that the husband is hers, and not yours? If it comes
134 to that, I'm the one who really has the husband, only Radén / Menteri
has divorced me!" Everyone who was listening roared with laughter,
and the sound of their laughter was like thunder in the sky, and could
be heard as far as the great audience-pavilion. The courtiers were
startled to hear the commotion and came at the run. When they arrived
they beat and threw out all those making the noise, and we leave the
subject of the people eating and drinking in the palace.

We now relate how the King and Queen were talking and discussing
their son Radén Menteri: "It would be best for us to marry him to
Kén Tambuhan. What do you think we should do about our son? —
Because I am very sorry to see Kén Tambuhan, and moreover she is
135 the daughter of a great king." Then / the King replied, "In that case
I shall give orders to go and summon the Demang, Temenggung, Djaksa
and Rangga." [1] He then said, "Courtiers, go and inform all my people,
and tell the Demang, Temenggung, Djaksa and Rangga to come into
the palace when the moon rises." The courtiers made an obeisance and
went out; they then headed for the *kampung* of the Demang. Coming
there they said to both the Demang and Temenggung, "You are ordered
to enter the palace, because the lord has a proclamation." [2] After they
had talked, they set off quickly. On arriving they went in to pay homage
to the King and conveyed all that was said by the people whom he
136 summoned. When the courtiers had / gone home the Queen said to
the King, "When are you planning to celebrate our son's marriage?"
The King said, "At the full moon of next month." Then the King gave
orders for people to celebrate continuously for forty days and forty
nights, eating, drinking and enjoying themselves — not to mention all
the kinds of music and Javanese entertainments —just like people who
wanted to turn time into eternity.[1] Some performed masked dances,

---

133   [1] It is necessary to translate *jang seorang* with "another" (i.e. a third) in view
of the following *sira* and *pakenira*; both of these can be "you", but there
appears to be a contrast between them, so *sira* has been taken as "she". It is
not impossible that the writer has mixed up the Javanese words in trying to
depict the speech of the populace.

135   [1] These were apparently the highest officials of the state, under the king and
the *pepatih*. On MS. p. 143 the names are given of the Temenggung, Demang,
Pepatih, Djaksa and Hulubalang.

    [2] Van der Tuuk (KBW III, p. 209) lists *paswara* (with related verbal forms) as
"royal edict". It has been assumed that *keswaran* is connected with this.

136   [1] Translation uncertain.

some the shadow-play, some mimes, some theatrical pieces,[2] some the
Chinese puppet theatre [3] — there were all kinds — and many were the
137   buffaloes and cattle, fowls, ducks and geese, / goats and sheep which
were slaughtered as refreshments for the people eating and drinking.
When the forty days and forty nights were completed, at a favourable
moment and when the moon was full, Kén Tambuhan was dressed by
the Queen in a *sindjang* of gold brocade, a *kain* [1] of the design *mega
antara* painted with gold paint, *kana* arm-bands, ear ornaments with
threaded diamonds, a "garden of fire-flies" [2] ring, a collar with triple
pendant, a necklace of five strands, a hair-pin in the form of a spray
of flowers called *namang guna,* a flower ointment, with kohl on her
eyelids and delicate make-up around her eyes. When she was dressed
the princess of Wengger looked extremely beautiful, pale yellow like a
138   golden doll / which has been newly tinted, inflaming the hearts of those
who saw her. However, it was something of a pity that her chignon was
flat, but even so it made her look all the more beautiful, because it
has become the custom for all the Javanese to wear their chignons flat
in the Solo manner. Then the Queen [1] placed her on the couch of state,
while all the young girls and maid-servants paid their respects. As for
Radén Menteri, he was dressed by the King in breeches of *geringsing
wajang* pattern depicting the story "Samba goes Wandering", in an
ivory-coloured ceremonial *kain* and knee-breeches [2] of *rangdi* [3] material
with gold leaf, a sash of green *petola* [4] material, *kana* arm-bands, two
on each arm, a necklace of seventeen strands, a collar with triple pen-
dant, a cord of jewels and gold, a ring inlaid with diamonds and seven
139   jewels, / a *kris* with the Kalamisani handle; and many more were his
clothes, so that the narrator neglects to write them down, as he feels
very bored. When they [1] had finished dressing, they were then conveyed

---

[2] For the terms *topéng, raket* and *gambuh* the reader is referred to Pigeaud's
Javaanse Volksvertoningen.

[3] Wilkinson gives "Chinese opera". The term *wajang* can indeed be extended
to all kinds of dramatic performances.

137   [1] *Sindjang* and *kain* are, in fact, the same thing. It seems that the writer simply
produced all the words he knew — see his own comment on p. 139.

[2] A setting with numerous small diamonds.

138   [1] No agent of the verb *didukungnja* is mentioned specifically, but the Queen
was the last to be mentioned (MS. p. 137, *dihiasi oléh Permaisuri*).

[2] "Breeches" (*lantjingan*) have already been mentioned. Is *perpandji-pandji* an
error for *berp.-p.*? Jav. (*tjlana*) *pandji-pandji* is a kind of short trouser.

[3] A ribbed silk fabric of Chinese or Siamese origin — Wilk.

[4] A cloth brightly marked with a python-like pattern.

139   [1] The writer has forgotten to give a subject for *berhias,* but it probably refers to
both bride and groom.

in procession around the city seven times; they were then brought into
the palace and the King and Queen took their two children's hands and
brought them and seated them on the royal throne. The yogis, brahmans,
hermits, nuns, pupils of hermits and elders all came to bless Radén
140   Menteri and his wife so that they might enjoy long life / and good
health. Then the wedding rice was brought before their son the bride-
groom and his bride, and all the high-ranking people came to feed [1]
them both. After that he descended to carry his wife to the bridal bed,
and the curtains were closed. But Radén Menteri reappeared to enter-
tain the gentlefolk, *temenggung,* nobles, officials, headmen, judicial
officers and all the people, eating, drinking and making music. When
they had finished eating and drinking they all returned to their respective
palaces, and Radén Menteri went in to coax and to court his wife with
141   all kinds of / sweet words, but Kén Tambuhan felt repelled at hearing
what he said, and answered, "You are behaving like someone who has
just been joined in wedlock — you look to me like someone just
married!" Radén Menteri laughed happily and said, "Oh my dear, my
soul, who are like a spirit from heaven, you seem to be annoyed with
me." Kén Tambuhan was happy and cried, and Radén Menteri put
his arms around her neck, saying, "Hush, darling, my soul, don't cry.
142   It would be a pity for / your sweet eyes to become swollen, for your
soft voice to become hoarse, and for your beautiful hair to become
dishevelled. Hush, my love, it was your fate to have me as your husband
— how can there be any further opposition?" At the same time he
embraced her and kissed his wife on the cheek; Kén Tambuhan ceased
crying, and they slept together as man and wife. We shall not mention
what people do in the bedroom, but you will all understand.

    Now that the wedding ceremony was completed we turn to the story
143   of how the King installed his son Radén Menteri in his place / in the
land of Sotja Windu.[1] The King called Temenggung Nalamarta,
Demang Mertadjaja, Pepatih Suranegara, Djaksa Martabaja and Hulu-
balang Matjannegara to bring the people in hundreds of thousands.

---

140   [1] I.e. as a mother does a baby, but with the hand.
143   [1] This is the first mention of this name. As far as the meaning is concerned,
        Sotja is Jav. for "jewel" — but Skt. *śauca* means (*inter alia*): purification,
        esp. from defilement caused by the death of a relative. *Windu* is Jav. "cycle
        of eight (formerly ten) years" — Skt. *bindu* means: dot, drop, globule, etc.
        J. Hooykaas (*Indonesië*, 1957, pp. 135—6, etc.) refers to the Tantric belief
        that through a royal marriage the god Śiva and his wife Umā embraced, thus
        producing the "drop" (*windu*) which means blessing and release. Is it going
        too far to see these meanings in this context? This would have important
        implications for our interpretation of the function of the work.

When they came they made an obeisance to the King, saying, "Your
Majesty has summoned his servants. What orders do you have for us?"
The King said, "I wish to install my son Radén Menteri now, because
he is married and it is fitting that he rule this land of Sotja Windu, as
144 I am old." All the people were very glad / to hear the King's words,
and he summoned his son and seated him on a golden throne inlaid
with all kinds of jewels. The King said, "All you people, at this time let
none of you disobey any of Radén Menteri's orders, and carry out every-
thing he says, no matter what." And all the people made an obeisance,
replying, "Your servants humbly accept whatever you instruct." When
this ceremony was completed all the people returned, each to his own
home, and Radén Menteri was firmly established on the throne. While
145 / Radén Menteri was king his rule was very good; his city became busy
and traders came and went in great numbers because of his justice and
prudence with regard to all his people, and whoever among the officials
and people was short of money for daily necessities were all given
something according to their rank. All the people were very devoted
to Radén Menteri, and felt that they would like to die with their ruler
because of his exceedingly fine character. All the yogis, brahmans, nuns
146 and hermits called down long life and good health / on the royal throne.

Here the romance is completed, which is called the Tale of Radén
Andakén Penurat, on the 11th day of December, on the eve of Monday,
at 2 o'clock.[1] At that time the writing was completed, in the year 1825.
As for this tale, the person who wrote it out was the poor devotee of
Almighty God,[2] Hadji Zain al-ᶜabidin, of the kampong Pechodjan
Pengukiran,[3] as an offering at the feet of my lord the Tuan Besar, as a
sign that I am a servant of his.

---

146 [1] That is to say, the writer was working on Sunday, 11th December and actually
finished at 2 a.m. on Monday morning. If we read *sembelas* as *sembilan-belas,*
however, then we would have to translate: "on 19th December, on Monday
night at 2 a.m." It is interesting that the work of copying manuscripts should
be done at night.
[2] According to Professor G. W. J. Drewes, this phrase should be spelt in Arabic:
al-fakīr al-ḥakir lillāhi taᶜāla, which he translates as "the poor and humble
servant of God Most High".
[3] A kampong *Pekodjan* (formerly quarter of the Muslim Indian merchants) is to
be found in the western part of the old town of Djakarta. There are a number
of streets there bearing the name *Pengukiran.* Cod. Or. 1701 is written in the
same hand (see Ras, 1968, pp. 202—206) and contains a postscript to the
effect that the owner was Mr. P. P. Roorda van Eysinga of Gang Kuini,
Batavia; the date is 11th January, 1828. Now this period was one in which
many MSS. were copied at the General Secretariat in Batavia, so it is not
impossible that our MS., Cod. Or. 1935, was also copied there. Hadji Zain
al-ᶜabidin is not known to me from elsewhere.

APPENDIX I

Below is reprinted in transliteration the text of the *Sjair Kén Tamboehan* which was originally edited and published by J. J. de Hollander in 1856 (E. J. Brill, Leiden). In his introduction (to which I refer the reader) De Hollander gave his opinion that this text is comparatively important and indeed among the best products of Malay poetry: on this one must form one's own opinion. The reasons for reproducing the text here are twofold. Firstly, over the last hundred years and more some progress has been made in the study of Malay, and it has been possible to correct some mistakes made by De Hollander. Secondly, and more importantly, the text is interesting because of the comparison which can be made between it and the *Hikajat Andakén Penurat* (HAP). For this purpose notes have been placed to the right of the text. An indication such as "HAP 6" means that the stanza of the shair against which it is placed is *in general terms* comparable to a passage occurring on that (MS.) page of HAP. Where such an indication stands opposite a line in which there is italicizing, this means that the words in italics are themselves to be found on that page. An indication such as "cf. HAP 72—73" means that although the two passages concerned run roughly parallel they nevertheless contain differences, which may be compared and contrasted. Seeing that the basis of the comparison is the shair, elements absent in it but present in HAP have not been pointed out.

The text below is not a mere transliteration of the edition of De Hollander, but has been revised by comparison with the MS., i.e. MS. Mal. 73 of the Bibliothèque Nationale in Paris. This MS. of 25 pages is entitled "Le Poème de Raden Mantri, d'après un MS. appartenant à M. Roorda van Eysinga"; and further in Dutch: "De schrijver is Alie Musthathier volgens de verklaring van Achmoed ben Abdullah van Palembang." (Note de la main de M. Roorda van Eysinga) (The writer was A. M. according to a statement of A.b.A. of Palembang. A note from the hand of Mr. R. v. E.) The MS. was acquired on 22nd January, 1892. Where a reading of the MS. has been preferred to that of De Hollander, the latter has been recorded in the notes, and vice versa. The MS. gave the impression of having been carelessly or hurriedly written. The only major difference from the printed text was that De Hollander had omitted the last stanza (my no. 309); although several obscurities were cleared up, a number unfortunately remain.

As will be observed, the number of literal correspondences between the shair and HAP is considerable. The opening passages are different, and from about Kén Tambuhan's death (stanza 221) onward the two diverge, until 281, after which they are quite different. The presence of the words and phrases shared by the two, as well as the general agreement in plot, has led to the conclusion that there must be some kind of direct link between these two texts. Furthermore, the hikayat seems (although this must remain to some extent a subjective judgment) to be better as literature, that is, better expressed and more complete. I have not yet been able to find evidence to prove which work is anterior, i.e. which is based on which; perhaps someone else will succeed in this. Which is more likely to have happened: that an author corrected, improved and supplemented an original, or that an author made mistakes in and reduced an original which he had at his disposal? Omitting questions of plot, one might take as an example the following. Stanza 111 gives:

> *Permaisuri fikir tiada berhenti*
> *"Andakan Penurat kasihnja pasti*
> *si Tambuhan kelak kubunuh mati"*
> *maka puas rasanja hati.*

The placement of quotation marks is, of course, a matter of interpretation. The translation might run: "The Queen was constantly thinking, 'Andakan Penurat's love is sure, but I will later put Tambuhan to death', and then she felt satisfied within." The parallel passage from the hikayat runs:

(49) *Setelah baginda laki-isteri menengar kata ananda baginda itu, maka terlalu suka hatinja Permaisuri, sungguh-sungguh ia kasih rupanja akan Kén Tambuhan itu, tetapi dalam hatinja Permaisuri, "Djikalau Kén Tambuhan itu belum kubunuh, belum puas rasanja hatiku . . . ."*

"After their majesties had heard what their son had to say, the Queen was very pleased, and appeared to be genuinely fond of Kén Tambuhan, but in her heart she was thinking, 'I shall not be satisfied until I have killed that Kén Tambuhan'." It seems to me that the latter version is more consistent and makes better sense, although the former cannot be called wrong. This example may give an idea of the type of relationship which exists between the two works, and indicate the lines along which they may be compared.

SJAᶜIR KÉN TAMBUHAN

1 Kisah dikarang berantara
mengarang didalam pengidap lara
tembang djadi suatu tjeritera
ratu Sotja Windu Pura Negara.

Sotja Windu: HAP 143;
Pura Negara: HAP 2 etc.

2 Kemudian dari itu amabaᶜada
tiada siapa *menjamaï baginda*
baginda kematian ajah dan bunda
ditungguï pengasuh dajang inangda.

HAP 2; otherwise 2—9 not
in HAP; no mention of the
King's dream in Kl.

3 Keradjaan baginda laki isteri
namanja masjhur pada segala negeri
akan pengasuhnja segala anak menteri
demikian lagi Permaisuri.

4 Dipeséban agung baginda bertachta
dihadap patih menteri pun serta
tersenjum seraja titah Sang Nata
"perbuatkan taman diluar kota".

5 Patih pun menjembah menengarnja
keluar menghimpunkan segala orangnja
bekerdja raᶜjat sekaliannja
masing-masing dengan tahunja.

6 Setelah sudah kelengkapannja
mustaᶜid dengan balai tamannja
terlalu indah perbuatannja
lengkap sekali dengan pesébannja.

7 Taman penglipur Bandjaran Sari
sukalah baginda laki isteri
taman larangan Permaisuri
hanjalah tempat segala para puteri.

8 Tersebut perkataan suatu rentjana
baginda kerdjakan dengan sempurna
ᶜarif serta bidjaksana
memeréntahkan negeri membangun istana.

9 Bidjaksana berkata-kata
chidmatlah menteri sekalian rata
segala ᶜilmu diketahuïnja serta
tambahan pandai bermain sendjata.

---

6 b MS. mustaᶜib.

10 Sjahadan ratu Pura Negara (*MS. p. 2*)
    dengan Permaisuri terlalu mesra
    Permaisuri hamil lama antara   HAP 6.
    seorang laki-laki ia *berputera*.   HAP 10.

11 Disambut diriba oléh inangda   HAP 11.
    Sang Nata pun suka melihat anakda
    Sang Nata tersenjum seraja bersabda
    Andakan Penurat dinamaï baginda.

12 Rupanja élok tiada bertara
    tiada berbanding dalam negara
    baginda pun gemar melihat putera
    dengan sapertinja baginda *pelihara*.   HAP 12.

13 Dua-belas orang pengasuhnja semua   13—15 not in HAP.
    sekaliannja itu anak penggawa
    berapa lama dipeliharakan djua
    sepuluh tahun ᶜumurnja djiwa.

14 Andakan Penurat durdja berseri
    ᶜilmu habis baginda peladjari
    bidjaksana muda bestari
    bermain kuda sehari-hari.

15 Putih kuning sederhana
    mengetahuï ᶜilmu anéka warna
    terlalu ᶜarif bidjaksana
    sikapnja seperti sang Ardjuna.

16 Sebermula suatu hari
    Andakan Penurat mengadap sendiri
    tersenjum bertitah Permaisuri
    "baiklah *anakku* tuan *beristeri*".   HAP 20.

17 Andakan Penurat menengarnja rawan   17—22 roughly parallel to
    menjembah seraja kemalu-maluan   HAP 20—21.
    rupanja élok kilau-kilauan
    membukakan hati segala perempuan.

18 Hidangan diangkat dengan segera
    kepenangkilan didalam pura
    Permaisuri dengan Batara
    santaplah baginda tiga berputera.

19 Sudah santap baginda tuan
    santap sirih didalam puan
    Andakan Penurat muda rupawan
    seraja memakai bau-bauan.

---

18 b dH. kepen.nggilan.

20 Bertitah bahagia ajah dan bunda
tersenjum seraja memandang anakda
"beristerilah tuan" titah baginda
"supaja anakku ganti ajahanda."

21 Andakan Penurat muda jang pitah
tunduk tersenjum kata sepatah
"patik ini mendjundjung titah
patik menurut barang peréntah."

22 Sang Nata pun suka menengarnja seri
sembah anakda itu muda bestari
tambahan suka Permaisuri
anakda itu hendak beristeri.

23 Anakda bermohon serta sembahnja (*MS. p. 3*)   HAP 21.
berdjalan pulang kerumahnja
baik beristeri pada fikirnja
ajah dan bunda suka hatinja.

24 Andakan Penurat hatinja rawan   24—27 parallel to HAP 22.
masuk kedalam peraduan
hatinja gundah tiada berketahuan
beradu didalam kepiluan.

25 Beradu didalam kesjughulan
mimpinja pula kebetulan
diatas ribaan kedjatuhan bulan
dimakannja konon seraja ditelan.

26 Mimpi sungguh njata pastinja
dalamnja sempurna sepertinja
ia pun fikir dalam hatinja
"mimpiku ini apa artinja?"

27 Setelah sudah difikirnja
mandi dengan segala kedajannja
memakai selengkap pakaiannja
menjukakan hati dengan mainnja.

28 Sebermula Permaisuri
pergi ketaman ia sendiri
berkata kepada sekalian para puteri
bertenun kain semuanja seri.   HAP 22; 28—30 parallel
                                       to HAP 23—24.
29 Bertenun hendak dengan sekarang
kepada segala puteri *sehelai seorang*   HAP 23.
bekerdja sekalian djangan kurang
sudahnja kepada bulan jang terang.

---

22 b dH. sembah anakda muda bestari;   MS. sembah anakda itu sudah bestari.

30　Sekalian puteri menengarkan　　　　　　Approx. parallel to
　　menjembah seraja mengatakan　　　　　　HAP 24.
　　"jang peréntah tuanku titahkan
　　barang sedapatnja patik kerdjakan."

31　Permaisuri kembali keistana　　　　　　31—32 approx. parallel to
　　dihadap diatas peterana　　　　　　　　HAP 26.
　　Andakan Penurat bidjaksana
　　masuk mengadap dengan sempurna.

32　Andakan Penurat kedalam puri
　　ditegur ajahanda laki isteri
　　berkata bunda Permaisuri
　　"anakku tuan duduk kemari."

33　Ia pun duduk menjembah bunda　　　　　　33—35 not in HAP.
　　segala dajang-dajang berahinja ada
　　berkata dajang jang muda-muda
　　"terlalu mendjelis putera baginda."

34　Berkatalah dajang sama sendiri (*MS. p. 4*)
　　bersenda-gurau berkata peri
　　"djadi lakiku Radén Menteri
　　tidur berulit tudjuh hari."

35　Seorang-orang berkata ganti
　　tersenjum seraja menggamiti
　　"djadi lakiku kiranja pasti
　　bertjumbu dengan sepuas hati."

36　Hari pun malam ia-itu hatta　　　　　　36—38 approx. parallel to
　　Andakan Penurat seraja berkata　　　　HAP 27—28; Kl has no
　　ia berkata 'kan Punta　　　　　　　　　mention of eating the
　　"apa artinja mimpi béta?　　　　　　　moon.

37　Beta tidur tiada lama
　　sekonjong kedjatuhan bulan purnama"
　　Punta menjembah tersenjum sama
　　"mimpi tuanku terlalu sukma,

38　ᶜAlamat mimpi beroléh perempuan"
　　Andakan Penurat hatinja rawan
　　pantas manis lagi rupawan
　　dihadap kedajan berkawan-kawan.

39　Setelah sudah hari pun malam　　　　　　HAP 28.
　　Andakan Penurat masuk kedalam
　　baginda beradu diatas tilam
　　hari pun siang teranglah ᶜalam.

───────────

36 c dH. akan.

40 Ia pun bangun seketika   HAP 29.
bersugi seraja basuh muka
santap ni^cmat serba anéka
santap sirih dipuan selaka.

41 Andakan Penurat muda tjendiman
berdjalan menjumpit *kesisi taman*   HAP 29.
hatinja rawan tiada siuman
niatnja hendak meréka zaman.

42 Andakan Penurat Radén Menteri   HAP 29.
dengan segala kedajannja berdjalan sendiri
menjumpit ia kesana kemari
membawa sumpitan burung ditjari.

43 Ia-itu maka hatta kalakian   43—44 HAP 30.
dipohon beringin seékor bajan
disumpit kena dadanja demikian
terbang ketaman kemati-matian.

44 Terbang ketaman kesudahan
djatuh ketenunan Kén Tambuhan
hendak ditangkap perlahan-lahan
bajan pun terbang tiada bertahan.

45 Terbang tiada berapa lama   HAP 30.
terbangnja hinggap dipohon delima
kata Kén Tambuhan puteri ternama
"burung nin élok warnanja sama."

46 Andakan Penurat muda bangsawan different in HAP 30—31.
diluar pagar menghintai kelakuan
bajan ditangkap seorang perempuan
hatinja berahi bertambah rawan.

47 Andakan Penurat datang kesitu (*MS. p. 5*). 47—49 ± HAP 31.
dilihatnja adalah pintu
ditanja orang "siapakah itu?
taman ini larangan ratu?"

48 Djaran Angsoka melarang ada
"taman ini larangan ajahanda.
Djikalau tahu ajah dan bunda
matilah patik dibunuh baginda."

49 Segala kedajannja melarang "djangan
titah ajahanda taman larangan"
Andakan Penurat menengar kesarengan
ditendangnja pintu berenggangan.

---

42 d MS. bul.n (instead of *burung*).
47 b MS. kesitu dia ialah pintu.
49 d dH. dit.nd.knja.

50 Andakan Penurat masuk sendiri   ± HAP 31—32.
    ia berdjalan kesana kemari
    dilihatnja oléh segala para puteri
    ia pun terkedjut semuanja lari.

51 Kén Tambuhan djuga jang tiada chabar   51—53 ± HAP 32.
    akan puteri sekalian lebar
    Andakan Penurat tiada sabar
    melihat paras bagai digambar.

52 Ia berdjalan-djalan berhenti
    tenunan Kén Tambuhan didekati
    Andakan Penurat pandangnja pasti
    akan Kén Tambuhan berahinja hati.

53 Akan fikirnja Andakan Penurat
    "kepadanja ini hatiku ghairat
    tiada tertahani rawannja larat
    didalam kalbu telah tersurat."

54 Kén Tambuhan terkedjut berkata peri   HAP 32—33.
    "laki-laki mana masuk kemari?"
    ia pun bangun hendak lari
    oléh Andakan Penurat dipegangnja djari.

55 Andakan Penurat kesajangan
    budjuknja "bidiadari marang kajangan"
    kata Kén Tambuhan "tuanku djangan
    aduh tuanku melepaskan tangan."   HAP 33.

56 Andakan Penurat membudjuk serta   HAP 33.
    "tuanku njawa emas djuita
    ratna pekatja déwi makota
    tuan seorang manis dimata."

57 Kén Tambuhan berkata "djangan   57—58 ± HAP 33—34.
    karena tuanku sudah tunangan
    puteri Bandjar Kulon élok pandangan
    sudah tentu djadi padjangan;

58 lepaskan tangan patik mengaku
    mengapa demikian berbuat laku
    bertenun kain bekerdja suku
    disuruh oléh bunda tuanku."

59 Andakan Penurat membudjuk sama
    "emas mérah tjahaja purnama
    aduh tuan djiwa utama (*MS. p. 6*)
    kain ini apakah nama?   HAP 34.

---

57 b MS. aduh

60 Aduh emasku bidiadari
    djiwa utama sang lir sari
    dimanakah djiwa hendak lari?
    dimanakah désa tempat negeri?

No clear parallel on
HAP 34.

61 Njai apakah nama tuan?
    Kain apa biar ketahuan?"
    Kén Tambuhan tunduk kemalu-maluan
    hatinja berdebar tjampur rawan.

61—62 no clear parallel
on HAP 34.

62 Berdatang sembah dengan perlahan
    "patiklah hamba jang bersalahan
    nama patik Kén Tambuhan
    geringsing wajang nama tapihan."

63 Kata Kén Tambuhan "tuanku mengapa
    datang kemari bertanja apa?
    Geringsing wajang Ardjuna tapa
    pakaian puteri memaju rupa.

HAP 34.

64 Tuanku dengar patik berkata
    lepaskan patik bertenun serta
    djikalau kain tiada njata
    kemudian kelak murka Sang Nata.

64—65 HAP 33—34.

65 Dititahkan oléh paduka seri
    bertenun kain sehari-hari
    akan *petiban* tuan beristeri
    ke-Bandjar Kulon meminang puteri."

66 Andakan Penurat membudjuk seraja
    "emas mérah ratna tjahaja
    djika Sang Nata murka ia
    biarlah pun kakang menanggung dia.

HAP 35.

67 Aduh emas djuita gusti
    harumnja laksana bunga melati
    menangkap burung kakang lihati
    terpandang tuan berahinja hati."

HAP 36.

68 Kén Tambuhan menjahut sama
    rupanja seperti Nila Utama
    "burung telepas terbangnja lama
    patik lihat *dipohon delima.*

HAP 36.

69 Tuanku djangan berbuat lara
    patik nin hendak bekerdja segera
    murka kelak paduka Batara
    djadilah patik dapat sengsara."

not in HAP.

---

61 d dH. bertjampur;   63 c MS. Radjuna;   63 d dH. b.maju;   MS. unclear.

70 Berkata bagai *segala para puteri*   HAP 36, otherwise
    ia berbisik sama sendiri   different.
    "murkanja kelak Permaisuri
    Kén Tambuhan djuga digusari."

71 *Puteri Lasem berkata* ia   HAP 36.
    hatinja kasihan belas seraja
    "Kén Tambuhan tiada bergaja
    oléh Andakan Penurat mengharu dia."

72 Radén Antaresmi tiada berkata (*MS. p. 7*).   not in HAP.
    melihat saudaranja gundah serta
    hatinja belas bertjampur tjinta
    tunduk menjapu air mata.

73 Andakan Penurat muda rupawan   HAP 36—37.
    membawa Kén Tambuhan keperaduan
    Kén Tambuhan menangis hatinja rawan
    terkenangkan bundanja kepiluan

74 Andakan Penurat sebermula   74—80 different on
    memeluk mentjium membudjuk pula   HAP 37—38.
    "tiadakah belas ratna kemala
    pun kakang berahi seperti gila.

75 Berahikan tuan tiada bermasa
    upama dipagut ular jang bisa
    merasaï sakit salah rasa
    duka nestapa senentiasa."

76 Kén Tambuhan berkata peri
    sambil tersenjum muka berseri
    "jang lain itu banjak para puteri
    ia sekalian tahu menawari."

77 Andakan Penurat membudjuk ia
    pangku belai tjium seraja
    "didalam nudjum sastera jang mulia
    hanjalah tuan menawari dia."   Cf. HAP 33 *mengobati*
                                          penjakit.
78 Kén Tambuhan tersenjum serta
    mengulum patah bibirnja rata
    mentjubit mulut seraja berkata
    "pandai melembutkan hatinja kita."

79 Andakan Penurat manis bertjenda
    pangku belai dengan adinda
    "gusti dengar kata kakanda
    beristeri lain kakang tiada."

_____

76 b MS. s.mb.h (instead of *sambil*; the same in every following occurrence of *sambil*).

80 Andakan Penurat Radén Menteri
   peluk tjium dengan puteri
   Kén Tambuhan berdiam diri
   beradu sampai petang hari.

81 Setelah sudah hari pun malam   approx. parallel to
   Andakan Penurat bertjumbu kalam   HAP 38.
   "ariningsun tjahaja pualam"
   njedarnja beradu diatas tilam.

82 Tersebut perkataan kedajannja   82—88 HAP 38—41.
   sebal hati menanti tuannja
   berbitjarakan Punta dengan kawannja
   baik be*persembahkan kelakuannja.*   HAP 39.

83 Demikian putus bitjara Punta
   berdjalan sambil berkata-kata
   setelah masuk kedalam kota
   lalu dipersembahkan kepada Sang Nata.

84 Berdatang sembah Punta sendiri
   kepada Sang Nata dan Permaisuri
   "Kén Tambuhan djuga seorang puteri
   diperogol anakda Radén Menteri."

85 Permaisuri menengar hatinja duka (*MS. p. 8*)
   melihat pekerti anakda paduka
   hatinja marah berkata murka
   "inilah perbuatan si Tambuhan tjelaka."

86 Sjahadan berkata Permaisuri
   serta murka berkata peri
   "demikian kelakuan anak Menteri
   tiadalah djadi ia beristeri."

87 Wa ba^c^ada kemudian dari itu
   Sang Nata tersenjum menengar mantu
   titah baginda Sang Nata ratu
   "^c^*adat laki-laki* sahadja begitu."   HAP 40.

88 Permaisuri menengarnja pasti
   ia pun masjghul fikir berganti
   "si Tambuhan kelak kubunuh mati"
   maka puas rasanja hati.

89 Setelah ketika pagi hari
   berdjalan ketaman Permaisuri   HAP 41.
   setelah datang kebalai seri
   terkedjutlah ia sekalian puteri.

---

81 c dH. ari ingsun.

90 Permaisuri murka katanja kaku
suruh bertenun ia berpangku
"karena si Tambuhan membuat laku
ia hendak membinasakan anakku."

HAP 41—42.

91 Ada pun akan Permaisuri
lalu kembali kedalam puri
Kén Tambuhan terlalu ngeri
ia menangis menumbuk diri.

HAP 42.

92 Andakan Penurat tiada berhenti
membudjuk Kén Tambuhan "aduh gusti
ratna pekatja Sila Berangti
djanganlah tuan berusak hati."

93 Kén Tambuhan berkata ia
"pekerti tuanku tiada berdaja
menengar perkataan jang sia-sia
patik djuga menanggung dia."

HAP 43.

94 Andakan Penurat manis pandangan
peluk tjium berpandjangan
kata Kén Tambuhan "tuanku djangan"
seraja *menapiskan* dengan *tangan.*

HAP 43 (*ditepiskannja*)

95 Ia menangis berperi-peri
"badan tjelaka didalam diri
sebab tuanku datang kemari
patik dinistaï Permaisuri."

HAP 44.

96 Andakan Penurat muda bangsawan
sebal hatinja bertambah rawan
mimpin Kén Tambuhan keperaduan
budjuknja rumrum serta tjumbuan:

HAP 44.

97 "Emas mérah penglipur lara
diamlah tuan *pengastukara*
djika tuanku tiada mesra (*MS. p. 9*)
biarlah pun kakang mengembara."

HAP 44.

98 Kén Tambuhan kasihnja njata
hatinja djatuh didalam tjinta
sambil menangis ia berkata
"djika pergi bawalah béta."

98—101 not in HAP.

99 Kén Tambuhan kasihnja sukma
kepada suaminja berkata ramah
"tudjuh kali tuanku mendjelma
patik turut bersama-sama."

---

92 c MS. b.r.ng.s.ti.
95 d MS. dinisjai.
96 d dH. ruman.

100 Andakan Penurat belas kasihan
melihat laku Kén Tambuhan
tjita jang lain bersalahan
kepada Kén Tambuhan kesudahan.

101 Andakan Penurat seraja bersabda
"kasih sungguh tuan adinda
hanjalah tuan dihati kakanda
berdua kasih kakang tiada."

102 Andakan Penurat muda bestari   cf. HAP 44.
ia membudjuk tiada terperi
sudah mesra laki isteri
beradu datang tengah hari.

103 Tersebut perkataan Permaisuri
menitahkan dajang didalam puri   HAP 45.
"hai dajang *pergilah* diri
panggil anakku suruh kemari."

104 Dajang menjembah seraja berdjalan
menudju taman kebetulan
dilihatnja tiada dipenangkilan
lagi beradu bertimbalan.   HAP 45.

105 Dajang kembali seraja melaku
kepada Permaisuri menjembah suku
berdatang sembah seraja mengaku
"anakda *lagi beradu tuanku.*"

106 Permaisuri pula mengatakan
"pergi kembali *engkau nantikan*"   HAP 46.
dajang menjembah menengarkan
berdjalan ketaman mendapatkan.

107 Datang ketaman Bandjaran Sari
Kén Tambuhan pun *bangun* laki isteri   HAP 46.
kata Andakan Penurat "mengapa diri?   HAP 48.
Apa kerdja datang kemari?"

108 Dajang pun duduk menjembah baginda
laki isteri dipintu ada
dajang menjembah menjampaikan sabda
katanja "*dipersilakan paduka bunda.*"   HAP 48.

109 Tersenjum berkata Radén Menteri
"hai dajang pulanglah diri
sekarang soré petang hari   HAP 48.
béta *mengadap* Permaisuri."

---

104 c dH. dip.n.nggilan.

110 Dajang kembali menjembah serta (*MS. p. 10*)
     berdjalan ia kedalam kota
     Permaisuri duduk dengan Sang Nata
     dajang menjembah *menjampaikan kata.*   HAP 48—49.

111 Permaisuri fikir tiada berhenti
     "Andakan Penurat kasihnja pasti
     si Tambuhan kelak *kubunuh* mati"   HAP 49.
     maka *puas rasanja hati.*

112 Sepeninggal dajang sebermula   approx. parallel HAP 49.
     Andakan Penurat membudjuk pula
     "ariningsun ratna kemala
     seperti bidiadari Sakurba Nila."

113 Andakan Penurat membudjuk tjenda
     "tuan seorang dihati kakanda
     tinggallah tuan ayo adinda
     kakang hendak mengadap bunda."   HAP 49—50.

114 Kén Tambuhan adalah ngeri
     mengeluh *mengetjap* berdiam diri   HAP 50 (mention of moon
     terang bulan malam hari   in 49).
     ia pun hendak kedalam puri.

115 Andakan Penurat berahinja hatinja   115—117   HAP 50—51.
     Kén Tambuhan diriba seraja ditjiumnja
     "kehendak tuan betapa perinja?
     Katalah tuan dengan sebenarnja.

116 Ratna pekatja sang lir sari
     suka tuan betapa peri?
     Djika tuan tiada memberi
     tiadalah pun kakang kedalam puri."

117 Kén Tambuhan berkata ia
     "siapa pula melarang dia?
     Patik ini apakah daja
     kasihkan orang tiada setia?"

118 Andakan Penurat pilu-piluan
     membudjuk dengan kata tjumbuan
     "hati kakang terlalu rawan
     tudjuh kali mendjelma hanjalah tuan."   HAP 52.

119 Kén Tambuhan terlalu hasrat
     kasihnja kepada Andakan Penurat
     peluk tjium sama ghairat
     didalam hati telah tersurat.

---

112 c dH. ari ingsun;   112 d dH. s.p.r.b.;   (MS. s.k.r.b.).
117 c MS. ap.k.n.day.

120 Andakan Penurat seraja bersabda
     "baik paras samanja muda
     pohonkan sepah apalah adinda   HAP 52—53.
     bekal pun kakang mengadap bunda."

121 Kén Tambuhan sang lir sari
     bertemu mulut sepah diberi
     Andakan Penurat membudjuk seri
     "*kakang hendak* kedalam puri."   HAP 53.

122 Kén Tambuhan adalah tjinta   122—123   not in HAP.
     tunduk menangis seraja berkata
     "silakan tuan berdjalan serta
     mengadap bunda kedalam kota."

123 Andakan Penurat sénapati
     peluk tjium tiada berhenti
     Kén Tambuhan kasihnja pasti (*MS. p. 11*)
     laki isteri sama sehati.

124 Andakan Penurat *berdjalan* serta   HAP 53.
     diiringkan kedajannja sekalian rata
     setelah masuk kedalam kota
     mengadap Permaisuri dengan Sang Nata.

125 Andakan Penurat sudah berdjalan
     Kén Tambuhan tinggal kesjughulan
     berdjalan ia bertimbalan
     berbaring melihat terang bulan.   HAP 56.

126 Bulan terang dilihatnja ia   126—128 cf. HAP 56—57.
     hati terkenang pilu seraja
     terang bulan purnama raja
     banjaklah bintang memagar dia.

127 Bulan terang disaput awan   HAP 53—54.
     Kén Tambuhan hatinja rawan
     guruh berbunji diangkasa
     bertambah rawan mengenang rasa.

128 Terkenang masa ajah dan bunda
     suku jang tawanan kepada baginda
     selang teringat didalam dada
     mengeluh mengetjap semangat tiada.

129 Tersebut perkataan suatu tjeritera   HAP 53—54.
     Andakan Penurat kedalam kota
     Permaisuri duduk dengan Sang Nata
     anakda mengadap menjembah serta.

---

126 d dH. m.m.gari.
128 c MS. s.l.p.

130   Titah baginda durdja berseri
      "anakku *lama tiada* kemari"   HAP 55.
      Andakan Penurat menjembah seri
      "kepala patik pening sendiri."

131   Permaisuri hatinja hirau
      hati gusar mukanja biru
      ia berkata seraja berseru
      "Andakan Penurat *pengantén baharu*."   HAP 55.

132   Andakan Penurat menengarnja
      ia pun tunduk masam mukanja   HAP 55.
      suatu pun tiada apa katanja
      tambahan dilihat *manis* lakunja.

133   Ada pun Sang Nata paduka seri
      tersenjum memandang Permaisuri
      "anakku pun seorang diri
      ᶜ*adat laki-laki* banjak isteri."   HAP 55.

134   Akan persantapan diangkat segera   HAP 55—56.
      kehadapan Permaisuri dengan Batara
      dalamnja niᶜmat banjak perkara
      santaplah baginda tiga berputera.

135   Sudah santap niᶜmat sempurna
      santap sirih dipuan tjerana
      Andakan Penurat tiada léna
      bermohon pulang ketaman ratna.   HAP 56.

136   *Düringkan kedajan* baginda *berdjalan*   HAP 56.
      kedalam taman bertimbalan
      Kén Tambuhan *berbaring* kebetulan *(MS. p. 12)*
      ᶜasjik memandang *terang bulan.*

137   Andakan Penurat datang perlahan   Cf. HAP 56.
      mentjium pipi Kén Tambuhan
      "ratna pekatja emas tempahan
      tuanlah isteri jang kesudahan

138   Emas mérah kakang tanjakan
      ayo tuan *sudahkah* makan?"   HAP 56—57.
      Kén Tambuhan tersenjum mengatakan
      "*belum tuanku patik* nantikan."

139   Andakan Penurat berkata pasti   Cf. HAP 58.
      "tahunja tuan mengambat hati
      emas mérah djuita gusti
      mengapa pula kakang dinanti?"

140 Seraja dibudjuk "marilah tuan"
dibawanja masuk *keperaduan*   HAP 59.
"ariningsun emas tempawan"
dirumrumnja dengan tjumbu-tjumbuan.

141 *Kén Tambuhan mimpi* sebermula   HAP 60.
diberinja *memakai mérah* pula
kekajangan *dipanggil Batara* Kala
mengambil bunga widjaja mala.

142 Setelah sudah siang hari
Kén Tambuhan bangun laki isteri
tersebut perkataan Permaisuri   HAP 60.
"panggil anakku suruh kemari."

143 Dajang menjembah menengarkan
datang mengadap Radén Andakan
datang ketaman menjampaikan
katanja *"tuanku dipersilakan."*   HAP 61.

144 Andakan Penurat muda bestari   HAP 61.
baginda ditaman meriba isteri
"hai dajang pulanglah diri
sekarang béta kedalam puri."

145 Andakan Penurat berdjalan serta   HAP 63.
ia pun masuk kedalam kota
mengadap bunda menjembah rata
Permaisuri tersenjum seraja berkata.

146 Berkata serta mengundjukkan puan
kepada anakda muda rupawan
"sebab pun bunda memanggil tuan
hendak makan daging perburuan."   HAP 63.

147 Andakan Penurat menjembah seri
"baiklah tuanku ésok hari"   HAP 63.
berdjalan keluar dari dalam puri
mengadap Sang Nata sebab menteri.

148 Andakan Penurat menjembah Sang Nata
ditegur ajahanda seraja berkata
"apa kerdja anakku serta   HAP 64.
dipanggil bunda? Apakah warta?"

149 Sembah anakda kesahutan
"patik disuruh berburu kehutan"
titah Sang Nata berpatutan
"anakku djangan berlambatan."

_____

140 c dH. ari ingsun.
149 a MS. k.b.s.but.n.

150 Sang Nata tersenjum bertanja pula (*MS. p. 13*)
"*anakku pergi* ini *manakala?*"   HAP 64.
Andakan Penurat sebermula
"*ésok hari* ketikanjalah."

151 Kata Sang Nata terlalu marma
"pergilah anakku *djangan lama*"   HAP 64.
Andakan Penurat menjembah sama
kembali pulang ketaman sukma.

152 Terlalu belas hati Sang Nata
akan anakda terlalu tjinta
Andakan Penurat djalan keluar kota
dihantar baginda *dengan mata.*   HAP 66.

153 Andakan Penurat muda tjandiman   Cf. HAP 67—71.
berdjalan ia sampai ketaman
Kén Tambuhan tidak siuman
bagai 'kan putus meréka zaman.

154 Dilihat isterinja hatinja rawan   Cf. HAP 71 & 76.
dibawanja masuk keperaduan
"kata Permaisuri 'dengarkan tuan
hendak makan daging perburuan'."

155 Setelah Kén Tambuhan menengar kata   Cf. HAP 72.
tunduk menjapu air mata
Andakan Penurat terlalu tjinta
bertjampur ichlas kasih serta.

156 Pangku belai tiada terperi
kata Kén Tambuhan sang lir sari
"manakala tuanku pergi sendiri?'
Kata Andakan Penurat "*ésok hari.*"   HAP 72.

157 Setelah sudah hari pun malam
makan dan minum ketika silam
keduanja beradu didalam tilam
peluk belai bertjumbu kalam.

158 Kén Tambuhan berkata marma   Cf. HAP 72—73.
"bawalah patik bersama-sama"
Andakan Penurat muda ternama
"tinggal dahulu djiwa utama."

159 Andakan Penurat berkata tjenda
"dengarkan tuan kata kakanda
djikalau banjak perburuan ada   HAP 73.
kakang suruh sambut adinda."

───────

152 c dH. berdjalan.

160 Setelah sudah siang hari   HAP 76.
     bangunlah baginda laki isteri
     pangku belai tiada terperi
     mandi ketaman Bandjaran Sari.

161 Kemudian dari itu amaba^cada   Cf. HAP 76.
     laki isteri santap baginda
     Andakan Penurat membudjuk tjenda
     peluk tjium dengan adinda.

162 Kén Tambuhan seraja katanja
     "tuanku pergi ini apa ^calamatnja?
     Menjudahi kasih ia-itu *rupanja*   HAP 77.
     patik tinggal apa djadinja?"

163 Andakan Penurat berkata sama (*MS. p. 14*)
     "tinggallah tuan djiwa utama
     tinggal Sakurba Nila purnama
     pun kakang pergi tiada akan lama."

164 Kén Tambuhan menangis tiada terhenti
     kasihnja itu sungguh dihati
     "silakan tuanku berdjalan gusti   HAP 78.
     segala *kedajan hadhir menanti."*   HAP 79.

165 Andakan Penurat berpilu durdja   165—169 cf. HAP 79.
     "tinggallah permai déwi serodja
     sedap manis laku bersandja
     tuanlah tempat kakanda mandja."

166 Kén Tambuhan tunduk tiada berkata   HAP 79.
     habislah lemah sekalian anggota
     pilu dan belas didalam tjita
     sambil bertjutjuran air mata.

167 Andakan Penurat belas hatinja
     disapunja air mata isterinja   HAP 81.
     dipeluk léhér ditjium pipinja
     bertukar tjintjin dalam djarinja.

168 Andakan Penurat berkata pilu
     "tinggallah tuan pulang dahulu   HAP 82.
     djangan bertjinta tuan terlalu
     biarlah pun kakang pergi dahulu."

169 Andakan Penurat berkata peri
     pohonkan sepah kepada isteri
     bertemu mulut sepah diberi   HAP 80.
     selaku orang hendak bertjerai.

---

168 b MS. bul.ng.

170   Andakan Penurat berdjalan baginda   Cf. HAP 82.
      berpajung kuning diatas kuda
      diiringkan kedajan jang muda-muda
      djaring dan pukat andjing pun ada.

171   Andakan Penurat *sampai kehutan*   HAP 83.
      suatu pun tiada kelihatan
      kedajan mentjari berpatutan
      suatu binatang tiada pendapatan.

172   Al-kisah demikian peri
      tersebut perkataan Permaisuri   HAP 84.
      "hai dajang pergilah diri
      panggil pelembaja suruh kemari."

173   Pelembaja pun datang kepenengahan
      menjembah serta dengan suruhan
      Permaisuri berkata perlahan-lahan
      *"bunuh*kan aku *si Tambuhan."*   HAP 84.

174   Pelembaja menjembah berkata sama   HAP 84.
      "patik djundjung kurnia derma
      Kén Tambuhan itu tus ing kesuma
      patik takut tulah karma."

175   Permaisuri murkanja pasti   HAP 84—85.
      "pelembaja ini djahat pekerti
      djika tiada kerdja bagai dihati
      engkau sahadja kubunuh mati."

176   Menjembah bagai pelembaja (*MS. p. 15*)
      lalu ketaman berdjalan seraja
      didapatinja Kén Tambuhan menangis ia
      berdebar hatinja tiada bergaja.   HAP 85.

177   Pelembaja menjembah berkata peri   Cf. HAP 86.
      "tuanku dipanggil Radén Menteri"
      Kén Tambuhan menengar hatinja ngeri
      mukanja putjat tiada berseri.

178   Kén Tambuhan seraja katanja   178—180   not in HAP.
      "nanti hendak bersalin kainnja"
      memakai selengkap pakaiannja
      giginja mérah tjemerlang tjahajanja.

---

170 d   MS. bukat.
171 c   dH. mentjahari.
173 a   MS. kepen.nggahan.
174 d   dH. g.r.m.
176 c   MS. dipatinja.

179 Sembah Kén Bajan berhati pilu
    "nanti santap tuanku dahulu"
    sungguh pun hidangan ada teralu
    hendak disantap hatinja kelu.

180 Kén Tambuhan sungguh pun makan
    nasi tiada tertelankan
    djamdjam durdja berhamburkan
    makan sedikit disudahkan.

181 Kén Tambuhan seraja bersabda   HAP 86—87.
    "kita hendak bertemu kakanda"
    pelembaja mengiringkan berdjalan ada
    Antaresmi melihat datang adinda.

182 Antaresmi melihat berdebar hatinja   HAP 87.
    pada Kén Tambuhan ditanjainja
    ia pun menjahut seraja katanja
    "dipanggil kakang ketempat perburuannja."

183 Antaresmi tiada terkatakan   183—184   not in HAP.
    seperti orang diberi tahukan
    sembah menangis "kakanda tahankan"
    Kén Tambuhan tiada mau menengarkan.

184 Kén Tambuhan berkata ia
    "sudah untung badan sahaja
    begitu nasib apakah daja?
    mana kehendak Mulia Raja."

185 Kén Tambuhan menjembah peri   Cf. HAP 88.
    menjembah kaki kakanda sendiri
    bertangis-tangisan segala puteri
    sekalian kasihan belas bertjerai.

186 Antaresmi terlalu tjinta   Cf. HAP 88—89.
    dengan sekalian puteri menangis serta
    dengan demikian ia-itu hatta
    Kén Tambuhan berdjalan menudju kota.

187 Berdjalan seperti putjang mengurai   187—193   not in HAP.
    diiringkan oléh segala para puteri
    Antaresmi melihat menumbuk diri
    "wah adikku betapakah peri?"

188 Kén Tambuhan berdjalan sjahada
    bagai 'kan terdjalan bagai tiada
    diiringkan puteri pelembaja pun ada
    sekaliannja menangis menampar dada.

---

180 c MS. djadjam.
181 c dH. berdjalai.
184 c MS. apakandaja.

189   Kén Tambuhan berdjalan lesu anggota (*MS. p. 16*)
      sambil menjapu air mata
      kepintu taman sampai serta
      menangislah puteri sekalian rata.

190   Kepintu taman seketika berhenti
      berpeluk bertjium berganti-ganti
      Antaresmi meratap pasti
      melihat Kén Tambuhan hantjurnja hati.

191   Hantjurnja hati puteri surana
      berpeluk bertjium sangat gulana
      sekalian puteri berkata samana-mana
      "moga selamat tuan sempurna."

192   Kemudian dari itu amaba^cada
      Kén Tambuhan menjembah kaki kakanda
      Antaresmi menangis berhenti tiada
      berpeluk menangis mentjium adinda.

193   Masing-masing pulanglah ia
      terkenangkan Kén Tambuhan muda belia
      al-kisah tersebut seraja   HAP 89.
      Kén Tambuhan berdjalan dengan pelembaja.

194   Djalannja itu bertimbalan   Cf. HAP 89.
      diiringkan pelembaja kebetulan
      kuntjuplah bunga ditengah djalan
      melihat Kén Tambuhan kesjughulan.

195   Diiringkan pelembaja serta inangda
      roh berdebar didalam dada
      berbunjilah burung amaba^cada
      seperti meratap lagunja ada.

196   Kén Tambuhan berdjalan semberana   Cf. HAP 90 & 94.
      hatinja pilu sangat gulana
      "hai pelembaja apa karena?
      aku hendak dibawa kemana?"

197   Pelembaja menjahut berkata peri
      ia menjembah sepuluh djari
      "ajo tuanku tahu sendiri
      disuruh bunuh oléh Permaisuri."   HAP 95.

198   Setelah Kén Tambuhan menengar katanja   198—201   not in HAP.
      hati berdebar hilang semangatnja
      rebah pingsan dengan letihnja
      disambut oléh kedua inangnja.

---

191 c **MS.** s.m.na.n.

199 Meratap menangis kedua inangda
keduanja menangis menampar dada
"djikalau ada ajah dan bunda
masa 'kan demikian kelakuan ada."

200 Kén Tambuhan sadarkan diri
lalu menoléh kanan dan kiri
mengeluh mengetjap sambil berperi-peri
terkenangkan kasih Radén Menteri.

201 Kén Tambuhan menangis tiada berhenti
sambil mengetjap berkata pasti
"béta djahat patutlah mati
pamanlah kelak berbuat bakti."

202 Ia berkata pilu hatinja (*MS. p. 17*)   202—203   cf. HAP 95.
terkenangkan kasih suaminja
dihunusnja tjintjin dalam djarinja
kepada pelembaja diberikannja.

203 "Suatu pun tiada béta memberi
sebentuk tjintjin didalam djari
djanganlah paman sangat berperi
kerdjakanlah titah Permaisuri.

204 Aduh paman jang amat perkasa   204—210   not in HAP.
béta mati tiada berdosa
Permaisuri itu tiada periksa
tandanja tiada gawai rasa."

205 Pelembaja menengar kata Kén Tambuhan
hatinja belas sangat kasihan
"apatah daja? patik suruhan
ampuni tuanku barang kesalahan."

206 Kén Tambuhan menengar njata
tersenjum titik air mata
ia berpalis seraja berkata
"djika begitu bunuhlah béta."

207 Kén Tambuhan berkata maka
rupanja seperti bunga tjempaka
"daripada hidup nestapa duka
anggurlah mati béta pun suka."

208 Kén Tambuhan berkata peri
putjat kuning durdja berseri
tiada berdosa didalam diri
disuruh bunuh oléh Permaisuri.

---

200 c dH. berperi.
204 b MS. titah (instead of *béta*).

209   Kén Tambuhan menangis peri
       terkenangkan kasih Radén Menteri
       seraja berkata durdja berseri
       "kerdjakanlah titah Permaisuri."

210   Suaranja njaring ia berkata
       seraja titik air mata
       "pelembaja segera bunuhlah kita
       masuk sjurga untungnja béta."

211   Kén Tambuhan sangat ghalurat
       terkenang akan Andakan Penurat   HAP 95.
       "hai pelembaja nantilah hasrat
       aku hendak membuat surat."

212   Kén Tambuhan menjurat sjahada
       dengan tjanggainja menjurat sabda   HAP 95.
       "Andakan Penurat tinggallah kakanda
       béta mati dibunuh bunda."

213   Ia menangis menjurat serta   213—216 cf. HAP 96—98.
       kepada Andakan Penurat hatinja tjinta
       "dengan penulung kiranja déwata
       disjurga kajangan pertemuan kita.

214   Patik hidup didalam negeri
       tiada suka paduka seri
       tinggallah patik mati sendiri
       ke-Bandjar Kulon tuan beristeri.

215   Patik kasih terlalu pasti (*MS. p. 18*)
       tjita berahi tiada berhenti
       tiadalah sampai bagai dihati
       apatah daja patik pun mati?

216   Selamanja patik sudah berkata
       patik tawanan dari pada Sang Nata
       akan sekarang sudahlah njata
       tiadalah patik bertemu mata."

217   Kén Tambuhan berkata peri   217—219 not in HAP.
       ia menangis seorang diri
       "Kén Bajan pergilah diri
       kedalam taman Bandjaran Sari.

---

210 b MS. matanja;   210 d dH. surga.
211 b MS. b.rk.m.p lim. k.k.m.b.n dj.n.ng.r.t.
213 d dH. disurga.
216 d MS. mati.

218 Kedalam taman pergi lihati
    kepada kakang katakan pasti
    katakan sembah serta bakti
    béta ini sudahlah mati."

219 Kén Bajan pergi berlari
    kepada Resmi berkata peri
    "Kén Tambuhan diperdajakan diri
    disuruh bunuh oléh Permaisuri."

220 Kén Tambuhan berkata ia   HAP 101.
    "bunuhlah aku hai pelembaja."
    Ia pun makan sirih seraja
    pelembaja pun hormat serta mulia.

221 Pelembaja hormatnja pasti   221—223
    ditikamnja Kén Tambuhan lalu mati   cf. HAP 101—102.
    hamba sahajanja tiada menanti
    sekaliannja béla berganti-ganti.

222 Kén Tambuhan mati sendiri
    rupanja putjat seperti kuning sirih
    Antaresmi pun muda bestari
    ia pun duka kelak diberi.

223 Al-kisah dengarkan tuan   HAP 105.
    Andakan Penurat dengan panakawan
    hatinja berdebar tiada berketahuan
    tiada mendapat seékor perburuan.

224 Kembali pulang Radén Andakan   HAP 107.
    segala kedajannja mengiringkan
    andjing melihat menjalakkan
    seperti orang memberi-tahukan.

225 Andakan Penurat berkata peri   HAP 108.
    "hai Punta lihatlah diri
    kalau perburuan datang kemari"
    mukanja andjing menjalak seri.

226 Setelah dilihat oléh Punta   Cf. HAP 108.
    majat Kén Tambuhan telah njata
    kepada Andakan Penurat ia berkata
    "majat Kén Tambuhan ada serta."

227 Sembah Punta didengar baginda   227—233
    berlari terdjun dari atas kuda   cf. HAP 108—110.
    dilihat Kén Tambuhan majatnja ada
    Andakan Penurat menampar dada.

---

219 a dH. berlari-lari.
225 c dH. kalau-kalau.

228   Andakan Penurat menangis sendiri (*MS. p. 19*)
      memeluk mentjium majatnja isteri
      "ajo tuan sang lir sari
      hilang dimana pun kakang tjari?

229   Adindaningsun djuita rupawan
      kakang pun béla mati sekalian
      sesalnja tiada membawa tuan
      mendjadi sebal tiada keruan."

230   Lalu segera disambutnja
      seraja diletakkan diatas ribaannja
      dipeluk ditjium seluruh tubuhnja
      berkata ia dengan tangisnja:

231   "Aduh tuanku njawa gemilang
      njawaku djangan berhati walang
      kakang pun sama serta hilang
      masa 'kan pun kakang berbalik pulang."

232   Dilihatnja luka ditengah dada
      dipeluk ditjium seraja bersabda
      "ariningsun njawa kakanda
      kakang menurut untung adinda

233   Siapakah gerangan sampai dihati
      berbuat demikian laku pekerti?"
      Pingsan baginda tiada berhenti
      niatnja hendak berbéla mati.

234   Baginda menangis memeluk isteri   cf. HAP 106.
      dilihatnja surat dipandan wari
      menangis sambil membatja seri
      selamat sempurna tuan beristeri.

235   Setelah sudah dibatjanja peri   235—239 not in HAP.
      ia menangis mengempaskan diri
      Radén Andakan menjurat sendiri
      berkirimkan Sang Nata dan Permaisuri.

236   "Sembah pun anak sebermula
      kepada ajahanda bunda segala
      tiadalah suka bunda sediakala
      biarlah patik mati béla.

237   Sungguh pun kita anak jang pasti
      dari ketjil dipeliharakan dengan seperti
      sekarang pun tiada kasih dihati
      daripada hidup baiklah mati."

---

228 d dH. tjahari.
229 a dH. -ingsun.
232 c dH. -ingsun.

238   Tamatlah sudah sekalian rentjana
dalamnja banjak bunjinja warna
diberikan kepada Bamba Kerana
"bawalah pulang keistana."

239   Adapun akan segala kedajannja
sekalian menjembah kaki tuannja
pulang djalan sekaliannja
masing-masing dengan tangisnja.

240   Andakan Penurat Radén Menteri   HAP 110.
memeluk mentjium majat isteri
ditjabutnja keris menikam diri
matilah ia laki isteri.

241   Turut béla kedajan semuanja (*MS. p. 20*)   241—242
dengan segala hamba sahajanja   cf. HAP 111—112.
tersebut kisah pula kedajannja
kepada baginda surat diberikannja.

242   Dibatja Sang Nata sebermula
sembah dan pudji ada segala
peri mengatakan anakda béla
Sang Nata dan Permaisuri ia pula.

243   Berlari Sang Nata dan Permaisuri   Cf. HAP 112—113, 115.
kedalam hutan pergi sendiri
setelah sampai kesana peri
melihat majat anakda laki isteri.

244   Meratap bagai ajah dan bunda   244—277
"hilang kemala negeri ajahanda   cf. HAP 117—118.
bangunlah tuan ayo anakda
mengapa diam berkata tiada?"

245   Sangat meratap Permaisuri
merenggut rambut menumbuk diri
"anakku tuan kemala negeri
hilang dimana bunda tjari?"

246   Adapun Permaisuri dengan Sang Nata
berganti-ganti pingsan serta
dajang-dajang riuh menangis rata
didalam hutan sangat gempita.

247   Setengah berkata sambil berlari
"sajang sekali Radén Menteri
sedang berkasihan laki-isteri
djahatlah pekerti Permaisuri.

---

239 d dH. tangisannja.
245 b MS. m.rag.t;   245 d dH. tjahari.

248   Kasihan melihat paduka Batara
      tiada dua tiga baginda berputera
      Permaisuri empunja bitjara
      tinggallah baginda menanggung lara.

249   Djikalau aku empunja kuasa
      sekarang ini kusuruh siksa
      membunuh orang tiada berdosa
      tandanja tiada gawai rasa."

250   Baginda meratap tiada terperi
      "ayo anakku kemala negeri
      anakku dipandang tiada berseri
      sunjilah kelak isi negeri."

251   Tiada kedengaran barang suatu
      sangat gempita ketika itu
      daripada sangat gundahnja ratu
      hati didalam tiada tertentu.

252   Terlalu sangat ratap baginda
      hantjur luluh didalam dada
      dipeluk ditjium tubuh anakda
      "anakingsun djiwa ajahanda,

253   Anakingsun utama djiwa
      puteraku tiada lagi berdua
      tuan disambut segala penggawa (*MS. p. 21*)
      tegurlah tuan anakku njawa."

254   Menangis belas didalam hati
      memandang anakda diperamati
      pingsan baginda tiada berhenti
      dengan Permaisuri berganti-ganti.

255   Setelah sudah sadar Permaisuri
      meratap menangis menghempaskan diri
      memeluk mentjium Radén Menteri
      "anakku tuan kemala negeri,

256   Batu kepala seri istana
      tinggallah bunda dalam gulana
      ajo anakku tuan kemana?
      tinggallah bunda tiada berguna."

257   Baginda bertitah terlalu murka
      "segera kami tarik si tjilaka
      tiada aku mau memandang muka
      perbuatannja memberi aku duka."

---

249 b MS. sjiksa.
252 a MS. ratu (instead of *ratap*).
253 b MS. beradua.

258 Dajang pun fikir dalam bitjara
sembahnja "titah tuanku segera
paduka kakanda sangatlah marah
djadilah tuanku dapat sengsara."

259 Paduka mahadéwi datang perlahan
meratap menangis majat Kén Tambuhan
hatinja belas sangat kasihan
sedang ia berkasih-kasihan.

260 "Anakingsun makota negeri
tegurlah bunda datang kemari
harapnja bunda sehari-hari
kepada tuan menaruhkan diri."

261 Inang pengasuh datang terperi
memeluk lajonan Radén Menteri
meratap menangis menumbuk diri
"inilah perbuatan Permaisuri."

262 Tambahan pula seri Batara
tiada dua tiga baginda berputera
baginda pun hilang budi bitjara
"tuan tinggalkan dalam sengsara."

263 Meratap menangis menampar dada
"djiwaku tuan ajo anakda"
dajang menjambut serta inangda
"mengapakah tuan tegur tiada?"

264 Paduka Liku datang menghampiri
meratap menangis mengempaskan diri
"ajo tuan anakda Menteri
tegurlah bunda datang kemari.

265 Sajangnja tuan emas djuita
tuanlah djadi seri makota
bundamu tuan ᶜakalnja buta
perangainja tiada menengar kata.

266 Sedang aku bukan mendjadikan
rélalah aku matikan
anaknja tiada disajangkan (*MS. p.* 22)
hati sjaitan jang diturunkan.

---

258 b MS. sj.j.h (instead of *titah*).
263 c dH. menjembah.
265 d MS. mendengar.
266 b dH. mematikan.

267   Anakingsun djuita ratna
      kemala negeri seri istana
      perangai bundamu tiada berguna
      ^cakalnja buruk orang durdjana.

268   Aduh sajang anakda menteri
      seri istana kemala negeri
      hilang dimana? bunda tjari
      sebab perbuatan Permaisuri."

269   Setelah baginda sadarkan diri
      meratap menangis mengempaskan diri
      memeluk mentjium Radén Menteri
      baunja harum dari kesturi.

270   "Sampai hati anakku njawa
      meninggalkan menteri dan penggawa
      paduka ajahanda pun sudah tua   HAP 115.
      harapnja ajahanda anakku djua."

271   Tiada berhenti tangis baginda
      remuk redam didalam dada
      memandang paras wadjah anakda
      mangkin bertambah belas dan gundah.

272   "Anakku tuan manis sendiri
      suram pengadapan seisi negeri
      tuan disambut segala menteri
      mengapakah tuan berdiam diri?

273   Bangunlah tuan anak Menteri
      tegurlah tuan ajahanda kemari
      harapnja ajahanda sehari-hari
      anakku tuan menanggung negeri."

274   Berhimpunlah menteri dan penggawa   274—277
      sekaliannja belas menangis semua   cf. HAP 117—118.
      Sang Nata menangis bertitah djua
      "anakku dan si Tambuhan samakan kedua."

275   Permaisuri menangis menegahkan
      "si Tambuhan itu djauh-djauhkan;"
      Sang Nata bertitah suruh dekatkan
      Kén Tambuhan sama dilarungkan.

276   Dari hidup sampai matinja
      djangan bertjerai dengan isterinja
      Permaisuri tunduk berdiam dirinja
      bagai ditunu rasa hatinja.

---

268 c dH. tjahari.
275 c dH. dikatakan.

277 Andakan Penurat élok pandangan
seperti bulan kesiangan
Kén Tambuhan puteri kajangan
keduanja ditaruh dalam larungan.

278 Ada Sang Nata berdjalan serta
diarak masuk kedalam kota
diiringkan Permaisuri dengan Sang Nata
sambil menjapu air mata.

278—280
cf. HAP 117—118.

279 Meratap menangis merentjana
sepandjang djalan bunjinja bahana
setelah sampai ia keistana (*MS. p. 23*)
diangkat naik atas djempana.

280 Berhimpunlah segala para puteri
serta anak sekalian bendahari
duduk beratur kanan dan kiri
mengadap lajonan Radén Menteri.

281 Ada pun akan Permaisuri
hendak masuk tiada diberi
duduklah ia sendiri-diri
meratap menangis sehari-hari.

From this point onward
the *sjaᶜir* of De Hollander
and the HAP diverge com-
pletely.

282 Terlalu sangat malu dan duka
melihat Sang Nata terlalu murka
tiada sekali memandang muka
menuruti nafas badan tjelaka.

283 Baginda bertitah dengan perlahan
"siapa membunuh Kén Tambuhan?
tiada sekali menaruh kasihan
anakku sedang berkasihan."

284 Berdatang sembah segala menteri
"daulat tuanku paduka seri
pelembaja membunuh puteri
dititahkan oléh Permaisuri."

285 Baginda bertitah durdja berseri
"segeralah panggil ia kemari"
setelah didengar segala menteri
sekalian menjembah bangkit berdiri.

---

277 d dH. larangan.
278 a MS. Sang (instead of *Sang Nata*).
279 d MS. tjempana.
281 b MS. berdiri.

286   Baginda bertitah dengan murkanja
      mérah padam warna mukanja
      menjuruh sulakan dengan anak bininja
      supaja puas rasa hatinja.

287   Menengar titah seri Batara
      sekalian menteri berlari segera
      setelah sampai seantara
      didapatinja pelembaja lagi bitjara.

288   Dengan bininja ia berkata
      "njai apakah bitjara kita
      sudah terchabar kepada Sang Nata
      akan kesalahanku sudahlah njata.

289   Sesal pun tiada lagi berguna
      membunuh Radén Puspa Kentjana
      menengar kata orang durdjana
      mendjadi aku beroléh bentjana."

290   Bininja berkata sambil berdiri
      menggotjoh menampar dada sendiri
      "engkau sepakat dengan Permaisuri
      kepada Sang Nata tiada ngeri.

291   Masa 'kan orang tiada berkata
      maka terdengar kepada Sang Nata
      sebab perbuatanmu baginda bertjinta
      akulah kelak merasaï serta."

292   Berkata sambil menumbuk diri (*MS. p.* **24**)
      "engkau tiada takut dan ngeri
      sungguhpun disuruh Permaisuri
      bukanlah isteri Radén Menteri."

293   Dalam ia berkata-kata
      kedajan pun datang gagap gempita
      adapun akan Wira Karta
      lakunja seperti gadjah meta.

294   Berkata bagai Djaran Angsoka
      "mengapakah engkau memalingkan muka?"
      Anak bininja terkedjut belaka
      tubuhnja gemetar putjatlah muka.

295   Serta datang Wira Pendapa
      melihat pelembaja lalu diterpa
      anak bininja diikat kapa
      tiada lagi memandang rupa.

---

286 c MS. djur.skan.
293 b MS. djagak.

296 Rumahnja dibakar Wira Karta
anak bininja dibawa serta
sepandjang djalan orang berkata
"patut dibunuh oléh Sang Nata."

297 Setelah sampai dibawah tachta
chidmatlah menteri sekalian rata
"pelembaja tuanku ada serta"
baginda pun marah seraja berkata.

298 Demi ratu menengar pelembaja
wadjahnja seperti bunga raja
"si tjelaka ini aku dianiaja
mengapa lagi ditaruh ia?

299 Hendaklah engkau segera sulakan
seorang pun djangan ditinggalkan"
setelah menteri menengarkan
dihérét lalu dihilakan.

300 Baginda bertitah terlalu murka
mérah padam warnanja muka
"tarik bangat si tjelaka
ia-lah kelak memberi aku duka."

301 Setelah sudah titah baginda
bangkit kedajan tua dan muda
daripada sangat belaskan baginda
suatu pun tiada fikirnja ada.

302 Titah didjundjung atas djemala
sekalian kedajan datang menjula
anak bininja habis terhela
sedikit daging tiada tersula.

303 Sjahadan suatu peri
tjandi diperbuat paduka seri
tempat anakda laki-isteri
bertatahkan manikam dengan baiduri.

304 Tiadalah kesukaan didalam negeri
selama hilang Radén Menteri
dengan pertjintaan baginda sehari
istiméwa pula Permaisuri.

---

298 c MS. d.?j.j.
299 a MS. mulakan; 299 d MS. d.h.m.j.r.
300 c MS. bangat itu.
301 b dH. bangkitlah.
302 b MS. t.rs.l.
303 d MS. bertitahkan.
304 c dH. sehari-hari.

305   Permaisuri djangan dikata (*MS. p. 25*)
      sediakala dengan duka-tjita
      apabila terpandang kepada Sang Nata
      disuruh baginda maki dan nista.

306   Sesalnja tiada lagi berguna
      nentiasa hari dalam gulana
      dinjahkan baginda dari istana
      seorang pun tiada malu dan lajan.

307   Tiada tersebut ratu perempuan
      disuruh menungguï andjing perburuan
      duduklah ia kemalu-maluan
      tiada berguna rupa kelakuan.

308   Sekian itu amaba^cada
      fakir mengarang mengambil sjahada
      kisah ini berhenti sudah
      hendak dihabiskan tiada akan ada.

309   Tamatlah kisah Andakan Penurat
      menjurat ia dalam masarat
      daripada sangat berkalbu ghairat
      berhentilah budjang daripada menjurat.

---

305 c MS. berpandang.
306 c MS. d.sj.j.hkan.
309   This stanza wholly omitted by De Hollander.
309 b MS. menjuruh.

APPENDIX II

KÉN TAMBUHAN IN MALAY THEATRE

W. W. Skeat, in his *Malay Magic* (London, 1900, p. 520) gives a table showing his "Classification of Theatrical Performances Known to Malays of the Peninsula". The seventh type listed is the *měndu* (supposed place of origin Pontianak), of which the following information is supplied.

Instruments:

Gěndang (*dul*), *gong, b'reng-b'reng, biola, kěchapi, piano* (or *argin,* i.e. concertina), *sam dyen* (Chinese), resembling the *rěbab; chên-chên* (cymbals), and *gěndang singa.*

Dress:

Same as in the *Wayang China, i.e.* Chinese in character; a *baju těratei,* a small jacket without sleeves; head-dress: *mahkota* (*bulu kuang*), beard and whiskers. *Pahlawans* are distinguished by a *koh sah* (decoration on the forehead); socks are worn.

Performers:

20 to 50 Malays acting Malay stories, but in Chinese dress; both male and female.

Place:

Indoors; the same rough scenery as in Chinese theatres; there are small theatres for the *Měndu* at Singapore, Penang and Malacca.

Stories:

Saifu-'l-Yazan, Siti Zubeidah, Ken Tabohan, ᶜAbdul Muluk, Běstamam, Mara Karma, Bidasari, Dewa Měndu di Něgri Langkadura, etc., most, if not all, being war-like themes.

Selections from:

HET MALEISCH TOONEEL
TER WESTKUST VAN SUMATRA

by

Ch. E. P. van Kerckhoff

TBG 31 (1886), pp. 303—314

.... According to some of my informants the drama was imported from Pontianak to Singapore and from there to Deli and Riau, whence it spread further across Sumatra and found its way via Padang to the Highlands. .... Possibly the presence of "wajang Tjina" in Singapore where it is regularly performed, as it is in the larger towns of our Archipelago such as Batavia, Surabaya, Semarang, and so on, influenced its rise. Moreover, in Malacca and Singapore frequent performances are given by the "Komedi Parsi" .... while the story of Sri Rama is similarly enacted in Malay ....

The dramatic art was introduced to Padang from Riau by a certain Si Nong, a son of Raja Burhan Udin in Batavia ....

The plays performed have been borrowed exclusively from Malay literature.

Malay literature contains numerous works of poetry and prose. The first genre is the chief source of material for the drama.

The poetic creations of the Malays either have a historical basis or are purely the products of the imagination of their writers; in addition translations or adaptations from poems in other languages, especially Javanese, are found as well as numerous original works.

Of such genres of Malay poetry as exist, viz. *pantun, seloka, gurindam, sjair,* it is exclusively the *sjair* or actual poems which are enacted.

Sjair are as a rule rather lengthy poems of a romantic and historical nature. Some of them possess considerable poetic value in a certain way. In order to enjoy and appreciate them, however, no comparison should be drawn with the products of our Western poetry, but they should be seen in relation to the degree of culture and the customs and ideas of the Malays themselves. Provided this is kept in mind they please by the fine descriptions they contain, by their naive, childish representations, by the expressions of passion — which are often described with feeling — and by the insight into human nature which shines through in many of these works; moreover the melodiousness of the Malay language not only makes these poems pleasant to read, but especially pleasant to hear.

The most well-known poems and stories and the most popular ones with the Malays, which are currently performed, are:

Sjair Sultan Abdul Muluk,
    „   Sri Bidasari,
    „   Silindung Dalima,
    „   Siti Dhubidah,
    „   Ken Tambuhan,
    „   Tadjul Muluk,
Hik. Shah Mardan,
    „   Djuhar Manikam, and so on.

. . . . There is no question of any kind of adaptation for the stage as we Westerners do; the story is enacted in its entirety, with the exception of slight cuts. . . . . a large part of the play is performed in song form and to the accompaniment of music.

The *Sjair* text is always rhymed. It contains a certain cadence which, although monotonous in the end, is nonetheless sweet sounding. This has been made use of in order to have the words sung to different tunes. For the Malay is acquainted with a number of melodies (*lagu*), some of which are actually pleasing to the European ear. These include, to mention but a few names, the *lagu satu, lagu dua, lagu parsi, lagu ninsun, lagu perak, lagu dansu,* and so on. The words of the poem are sung to the melody of these *lagu,* with a few alterations to suit the tempo and the rhythm, and to the accompaniment of music. The orchestra generally consists of a few violins, a *kutjapi* (kind of four-stringed lute), a couple of *rebana* (tambourines) and a drum and cymbals. Sometimes Western music, such as a march or a dance-tune, is played in between the Malay music.

The female parts are acted by young men, while the majority of the other actors are quite young too (between 14 and 21 years of age) . . . .

As the cast is not always large enough to represent all of the numerous characters who usually appear in Malay plays, one person usually has to play two, three or more parts simultaneously.

. . . . the costumes are sometimes quite splendid. Rulers usually wear a blue or red silk or cotton gown adorned with gilt embroidery on the collar, chest and sleeves, with underneath pantaloons of the same material braided with gold or silver. On their heads they wear a *kupijah* or fez trimmed with gold, or cocked hats of a peculiar shape decorated with plumes and covered with mirrors, which makes a pleasant effect by lamp-light. Their finery is completed by a sword or sabre.

The other characters are attired in the same style; the female characters wear silk jackets of different colours and sarongs, with gilt slippers and beautiful stoles serving as further embellishment. Their hair is done up in the same style as that worn by the local women, i.e. in a bun at the back of the head and adorned with countless gold (gilt) pins. They use artificial buns. The garments are not all the same style. Some are copies of the actual costumes of the rulers on the east coast of Sumatra, while others appear to be imitations of the costumes worn in European plays and yet others again bear the character of those used in Parsi performances. Chinese dress is also sometimes used . . . .

The actors form a company (*kongsi*), the money-lenders and shareholders of which are generally Chinese, or sometimes natives. A *kongsi* usually runs more than one theatre company.

Each of these troupes or companies has its own name, such as "Taman penglipur duka", "Taman penglipur lara", "Taman penglipur bimbang" and so forth. These three names have practically the same meaning and may be rendered by "pleasure-ground for dispelling cares and sorrows".

BIBLIOGRAPHY

Anderson, B. R. O'G.: *Mythology and the Tolerance of the Javanese*, Ithaca, 1965.

Braasem, W. A.: *Proza en Poëzie om het Heilige Meer der Bataks*, Djakarta, Amsterdam, Surabaia, 1951.

Clercq, F. S. A. de: *Nieuw Plantkundig Woordenboek voor Nederlandsch Indië*, 2nd impr. Amsterdam, 1927.

Covarrubias, M.: *Island of Bali*, New York, 1937.

De Hollander, J. J.: *Sjair Ken Tamboehan*, Leiden, 1856.

Hooykaas, C.: *Literatuur in Maleis en Indonesisch*, Groningen-Djakarta, 1952.

Hooykaas, C.: *The Lay of Jaya Prana*, London, 1958.

Hooykaas, J.: De Godsdienstige Ondergrond van het Prae-Muslimse Huwelijk op Java en Bali, *Indonesië*, 10e jaargang, 1957, pp. 109—136.

Juynboll, H. H.: *Catalogus van de Maleische en Sundaneesche Handschriften der Leidsche Universiteits-Bibliotheek*, Leiden, 1899.

Juynboll, H. H.: *Supplement op den Catalogus van de Javaansche en Madoe-reesche Handschriften der Leidsche Universiteits-Bibliotheek*, Vol. I, Leiden, 1907.

Juynboll, H. H.: *Supplement op den Catalogus van de Javaansche en Madoe-reesche Handschriften der Leidsche Universiteits-Bibliotheek*, Vol. II, Leiden, 1911.

Khalid Hussain: *Hikayat Pandawa Lima*, Kuala Lumpur, 1964.

Klinkert, H. C.: *Drie Maleische Gedichten of de Ken Tamboehan, Jatim Noestapa en Bidasari*, Leiden, 1886.

Pigeaud, Th.: *Javaanse Volksvertoningen*, Batavia, 1938.

Poerbatjaraka, R. M. Ng.: *Pandji-Verhalen Onderling Vergeleken*, Bibliotheca Javanica 9, Bandung, 1940.

Ras, J. J.: *Hikajat Bandjar*, Bibliotheca Indonesica 1, The Hague, 1968.

Roolvink, R.: The passive-active per-/ber-/memper- correspondence in Malay, *Lingua* 15 (1965), pp. 310—337.

Skeat, W. W.: *Malay Magic*, London, 1900.

Teeuw, A.: *Shair Ken Tambuhan*, Kuala Lumpur, 1966.

Van der Tuuk, H. N.: Eenige Maleische Wajangverhalen toegelicht, *T.B.G.* 25 (1879), pp. 489—537.

Van der Tuuk, H. N.: *Kawi-Balineesch-Nederlandsch Woordenboek*, Batavia, 4 vols., 1897, 1899, 1901, 1912 resp.

Van Eerde, J. C.: De Toetoer Tjilinaja op Lombok, *B.K.I.* 67 (1918) pp. 22—57.

Van Kerckhoff, Ch. E. P.: Het Maleisch Tooneel ter Westkust van Sumatra, *T.B.G.* 31 (1886), pp. 303—314.

Wilkinson, R. J.: *Papers on Malay Subjects*, Life and Customs Pt. III, Malay Amusements. Kuala Lumpur, 1910.

Wilkinson, R. J.: *A Malay-English Dictionary* (romanised), Mytilene, 1932.

Winstedt, R. O.: A History of Classical Malay Literature, *JMBRAS*, Vol. XXXI pt. 3, June 1958, Monographs on Malay Subjects No. 5.

LIST OF ABBREVIATIONS

Bal.	Balinese.
B.K.I.	Bijdragen Koninklijk Instituut.
Cod. Or.	Codex Orientalis.
dH.	De Hollander (1856).
ed.	edited by.
HAP	Hikajat Andakén Penurat.
Jav.	Javanese.
JMBRAS	Journal Malayan Branch Royal Asiatic Society.
KBW	Kawi-Balineesch-Nederlandsch Woordenboek (see Van der Tuuk, 1897—1912).
Kl.	Klinkert (1886).
Ml.	Malay.
MS.	manuscript.
MSS.	manuscripts.
OJ.	Old Javanese.
Skt.	Sanskrit.
T.B.G.	Tijdschrift Bataviaasch Genootschap.
Wilk.	Wilkinson (1932).

INDEX

Printed in the United States
by Baker & Taylor Publisher Services